アジ研選書50

習近平「新時代」の中国

大西 康雄　編

アジア経済研究所
IDE-JETRO

目　次

序　章　習近平政権への視点……………………………大西　康雄　1

　はじめに　*1*
　第1節　内政と改革をめぐる動き　*2*
　第2節　対外関係の新展開　*7*
　第3節　旺盛な企業イノベーション　*10*
　第4節　基本的社会問題への対処　*11*
　おわりに　*13*

第1章　政治構想，リーダーシップ，指導部人事の特徴
　　　　……………………………………………………鈴木　隆　15

　はじめに　*15*
　第1節　政権運営の指針と体制イデオロギー　*16*
　第2節　習近平の政治的パーソナリティとリーダーシップ　*29*
　第3節　中央政治局の人事と派閥　*39*
　おわりに　*51*

第2章　「新時代」と市場化改革の行方……………大西　康雄　57

　はじめに　*57*
　第1節　18期3中全会決定のポイント　*59*
　第2節　経済運営5年の成果と課題　*71*
　第3節　第13次5カ年規画要綱の公布と経済政策論争　*78*
　第4節　「新常態」と「中所得国の罠」　*84*
　第5節　19回党大会と市場化改革の行方　*87*
　おわりに　*95*

第3章　揺れ動く対外政策と今後の課題 ………… 飯田　将史　99
　　はじめに　99
　　第1節　海洋で目立つ強硬な対外姿勢　100
　　第2節　新たな外交理念の確立　105
　　第3節　かい離する外交の理念と現実　111
　　おわりに　121

第4章　新たな対外開放とグローバル・ガバナンスの追求
　　　　　　　　　　　　　　　　　　　　　　………… 大橋　英夫　125
　　はじめに　125
　　第1節　多角的国際関係への対応　126
　　第2節　米中経済関係の変容　135
　　第3節　「一帯一路」沿線国との関係　144
　　第4節　グローバル・ガバナンスへの関与　152
　　おわりに　160

第5章　イノベーション駆動型発展戦略の登場と展望
　　　　　　　　　　　　　　　　　　　　　　…………丁　　可　167
　　はじめに　167
　　第1節　「大衆による創業，万人によるイノベーション」　169
　　第2節　「インターネット＋」　173
　　第3節　「中国製造2025」と「工匠精神」　181
　　おわりに　186

第6章　貧困・格差問題への取組み強化と今後の課題
　　　　　　　　　　　　　　　　　　　　　　…………下川　　哲　191
　　はじめに　191
　　第1節　第2期習政権における貧困削減に関する方針　192

第 2 節　中国における貧困と格差　*194*
第 3 節　これまでの貧困削減のための取組み　*197*
第 4 節　習近平による貧困削減政策
　　　　　──精確な貧困支援と 6 つの精度──　*201*
第 5 節　その他の政策が貧困・格差問題に与える影響　*205*
第 6 節　今後の課題　*210*
　おわりに　*213*

序章

習近平政権への視点

大西　康雄

はじめに

　中国共産党第19回全国代表大会（2017年10月開催。以下，19回党大会）は，習近平総書記が権力基盤を確立したことを内外に示すものとなった。習は，任期中に自らの名前を冠した「思想」を党規約に盛り込むことにも成功しており，これは毛沢東や鄧小平に匹敵する権威を得たことを意味する。こうしたことがなぜ可能であったのか，そして第2期以降の習政権はどこに向かうのかという問いに答えることは，中国研究者が避けて通れない研究テーマになったといえる。

　筆者は以前に，習政権が集権化に成功した理由に関して，胡錦濤政権期の改革開放停滞を打破することへの期待がスタート時の習政権に集まったとの仮説を立てた（大西2017）が，現実の展開のなかで，この仮説は半分当たり，半分外れたと自己評価している。

　当たった部分は，2013年11月の中国共産党第18期中央委員会第3回全体会議（以下，18期3中全会）において改革開放推進の網羅的方針を盛り込んだ決定（中共中央文献研究室2014）が行われたことである。本書第2章で分析しているように，同決定は，まず対外開放を推進することで国内の改革を促進するという発想を有していた。決定に先立つ9月には，自由貿易試験区実験が上海で始まり，外遊した習国家主席によって「一帯一路」構想が打ち出された。両政策は，実際に国内の改革を促進する効果を有していた。外れた部分は，改革開放の40年がもたらした経済体制の市

場化や，共産党と行政組織・企業との関係，さらには，社会の自由な雰囲気が以前の体制やレベルに逆戻りしつつあるようにみえることだ。習政権がどうしてこのような「逆コース」を選択したのかその背景を探ることは，第2期以降の習政権の行方を予想する作業の基礎となろう。

　本書は，上記した問題意識を出発点として，習政権下の政治，経済，外交，対外経済，企業経営，社会の現状をそれぞれの分野の専門家が分析し，政権が直面している課題の全体像を明らかにし，今後の政権の展望を得ようとする試みである。序章となる本章では，各章の問題意識・分析や相互の関係を簡潔に示すとともに，習政権を分析するうえで重要と思われるいくつかの視点の提供を試みる。

第1節　内政と改革をめぐる動き

1．2期目を見据えた集権化と引締め

　習政権になってから，内政面では，集権化とイデオロギー分野を中心とした引締めが目立っている。まず，集権化についてみていく。胡錦濤政権時代（2002年11月～2012年11月）は，中国共産党中央政治局常務委員というトップ9名が職掌を分担しつつ，重要事項については合議制で決定してきた。合議のなかでは，総書記も他の常務委員と同じ1票を行使するだけであり，現在の体制のなかで民主的手続きを踏もうとする意思が示されていた。

　これに対して習近平は，彼個人への集権化を進めた。第1期習政権の発足にあたって常務委員の人数が7名に減員されたのは，胡錦濤が，当時政治法制系統を握って隠然たる勢力をふるっていた周永康（後に失脚）の影響力（端的に述べれば，子飼いを後任として影響力を残すこと）を封じるために打った手だったとみられ[1]，ここでは立ち入って分析しないが，習は

---

(1) たとえば，矢吹（2017, 221）参照。

7名の常務委員のなかで権力を集中するためにさまざまな手段を用いた。第1の重要な手段は，各分野に「指導小組」を設けて自らがそのトップにつくことであった。「指導小組」自体は従来からあったが，習は2013年11月の18期3中全会以降，「中央全面深化改革指導小組」をはじめとする11個の「指導小組」を設置して，およそ国家がかかわる権力の一切を手にする形をつくり上げた（佐々木2014）。第2は，個人崇拝の助長である。これは党規約において禁じられていることであるが，党の公認メディアが習本人を「習大大」（「大大」は西北の方言で叔父の意味），夫人の彭麗媛を「彭麻麻」（「麻麻」はママの意味）と呼び，習を讃えるために「東方紅」（毛沢東賛歌）の替え歌がつくられネットで出回るのを容認する，といった動きがそれである。

つぎに，引締めの実態である。第1に重要なのは「腐敗退治」キャンペーンと党・行政幹部の大量処分である。腐敗現象自体は，江沢民政権（1989年6月～2002年11月）のころから目立っていたが，習政権は，従来にない規模と厳しさで腐敗に対処した。その範囲は「罪は党政治局常務委員に及ばず」という不文律を破り，前常務委員の周永康や前党中央軍事委員会副主席の徐才厚にまで及んだ。こうした厳しい処分は，一面では綱紀粛正や改革措置の促進に役立ったことも事実だが（大西2015, 126-129），注目しておくべきは，こうして習の権力を脅かし，反対する可能性をもつ勢力が一掃されたことであろう。第2は，言論弾圧である。実際に習の権力の確立と歩を合わせるように，言論界や法曹界の人士に対し，大掛かりな身柄拘束などの措置がとられている。

こうして振り返ってみると，習政権が，発足の当初から権力基盤を固め，2期目，さらにはそれ以降を見据えた手を着々と打ってきたことが理解できよう。

第1章では，上記したプロセスの集大成である19回党大会について，会議を特徴づけたイデオロギー，リーダーシップや人事の意味に着目して分析し，第2期習政権の政治的方向性の展望を試みている。19回党大会では，第1に，2017～2022年の政権2期目を通り越して2050年までの長期的国家発展の見通しが提起された。2020年までの「小康社会の全面的

完成」という目標は従来どおりだが，それ以降を15年間ずつのふたつの時期に区分し，2035年までの前段階に「社会主義現代化の基本的実現」，2050年までの後段階には「社会主義現代化強国の全面的実現」の達成を目標とした。国家の長期目標として久しぶりに「強国化」という言葉が使われた点は注目される。この新目標を掲げることで，経済，社会，そして外交において全面的に新機軸を打ち出す習政権の意欲が示されたようにもみえるのである。

第2には，中国共産党規約に「習近平の新時代の中国の特色ある社会主義思想」が盛り込まれた。これは，上述したような集権化をイデオロギー面から補強するものであり，政権の第1期で早くも党規約を改正し，自らの名を冠した「思想」の明記に成功したという事実と合わせ，第2期以降の習政権のリーダーシップにプラスに働くと思われる。

第3には，第2期習政権を支える人事配置が明らかとなった。パワーバランスに着目して分析すれば，中国共産党中央政治局常務委員7名中5名が，また，政治局委員18名中11名が「習近平派」であり，習の優位は揺るがない。第1章では，習政権の権力集中について，現代政治に共通して見受けられる「大統領制化」の文脈からも論じている。確かに，習政権を取り巻く国内外の難題に取り組むためには集権化が必要だとの議論は一定の説得力をもつ。しかし，この論理だけでは政権の長期化を合理化することは難しい。その後，2018年3月の第13期全国人民代表大会（以下，13期全人代）において国家主席と副主席の任期制が廃止（上限なし）され，習の長期執権体制が制度的にも保証されたが，それでも「権力の継承」問題は残されている。改めてその制度化が議論される日も遠くないかもしれない，と第1章は示唆している。

2．左右への揺れを繰り返す改革

冒頭で述べたように，筆者は，習政権は改革における胡政権期の停滞を打破することを強く意識してきたと考えている。そして，それは党の18期3中全会で改革推進の全体方針が決定されたことで，一歩前進したと評

価できる。しかし，その後の経緯をみると，実際の改革方針は繰り返し「揺れ」を余儀なくされているようにみえる。第1期習政権5年間における改革の「揺れ」は，市場化の推進（右への揺れ），公有制経済重視の強まり（左への揺れ）という基準で説明することができる。

　第1にポイントとなるのは，景気への配慮である。改革推進（右への揺れ）で景気が下振れすると，公共投資などの景気刺激策がとられて改革の手綱が緩む（左への揺れ）。その後，公共投資が経済にバブル（過熱）現象をもたらすと，今度は引締め策がとられ，改革措置も進む（右への揺れ）ことになる。

　第2のポイントとなるのは，国有企業など公有制経済に対する見方である。習は折に触れて公有制経済重視の発言を行っている。19回党大会の報告においても，「社会主義市場経済体制の充実化を急ぐ」の項目（第5章第5項目）のなかで，「国有資産の価値維持・増大を促し，国有資本の強大化・優良化をはかり，国有資産の流失を効果的に防ぐ」と謳っている。「国有企業」ではなく「国有資産・資本」となっている点がミソで，そのために国有企業改革を進めるという論理建てになっているが，いずれにしても公有部門が次第に縮小していくというイメージは浮かんでこない。こうした点からも，改革が左右に揺れることは不可避と思われるのである。

　第2章では，こうした基本認識をもちながら，18期3中全会決定，13次5カ年規画，そして19回党大会報告を分析し，第2期習政権の経済分野における運営方針の展望を試みた。

　第1のポイントをみよう。習政権は，発足の翌年（2013年11月）の18期3中全会決定で，「（資源配分において）市場に決定的役割を果たさせる」と明言し，市場化のさらなる推進を指向した。実際の経済運営では，「市場との対話」を重視しようとした点に特徴がある。これは，かみ砕いて述べれば，投資や金融などのマクロ指標の「合理的区間」を定めてコントロールしたうえで，当局が好ましくないと判断した経済動向に対しては行政介入を行う，というポリシーミックスによって安定成長を維持しようとする手法である。

　しかし，実際の経済の動きのなかで，この手法は挫折を余儀なくされる。

それを象徴するのが 2015 年における(1)株式の暴騰・暴落と(2)為替レートの急落である。(1)において政策当局は，景気を下支えする意図からさまざまな手段で株価高騰誘導を行ったものの，株価高騰が行き過ぎたと判断すると一転して行政的介入で引き下げようとし，株価が予想以上に暴落すると株価安定策を打ち出す，という混乱した対応をとった。

　(2)は，(1)とは様相を異にする。人民銀行が，人民元の国際通貨基金（IMF）の特別引出し権（SDR）構成通貨入りをめざして為替レートの弾力化をねらったことがきっかけとなった。為替レート弾力化自体は IMF との「約束」でもあったが，(1)の株式市場混乱期に実施したために予定以上のレート下落を招いてしまったのである。いずれも「市場との対話」という方針を自ら否定するものであり，その失敗は改革措置全般を委縮させることになった。

　第 2 のポイントはどうであったか。習政権は，もともと国有企業改革に熱心ではなかった。習近平個人としてたびたび公有制経済の重要性を強調する発言をしているし，同分野の具体的改革措置が公表されたのは，18期 3 中全会からほぼ 2 年後のことだった。確かに国有企業のうち「ゾンビ企業」と呼ばれる債務超過企業の淘汰や一部業種への民間資本導入規制緩和などの措置がとられてはいるものの，国有企業同士の合併による超巨大国有企業の誕生が目立つなど，大方針にブレがみられる。

　以上で述べたように，習政権下で改革が大きく進展したという評価はできない。しかし，政策当局の意図しない分野で民間主導の新興産業が急成長を遂げたことが事態を変えるかもしれない。その成長力が，安定した就業を支え，都市化の進展のなか，国民生活の向上をもたらしているからである。19 回党大会の習報告において，改革開放との関連で注目されるのは，第 1 に，これらの新興産業への言及が大幅に増え，そのいっそうの成長に依拠して「製造強国」をめざそうとしていること，第 2 に，国家建設の駆動力をイノベーションに求めていること，第 3 に改めて全面的対外開放に言及していることである。ここから浮かび上がるのは，新しい経済パワーと対外開放を再始動させることに依拠した成長戦略であり，それが第 2 期習政権の特徴となっていく可能性があることをみておく必要があろう。

第2節　対外関係の新展開

1．「中国の特色ある大国外交」の模索

　習政権の外交政策は，前政権に比して格段に強硬化した印象がある。とくに日本を含むアジアにおける領土的主張と軍事的進出の拡大がこうした印象の背景となっていることは間違いないであろう。中国外交のこうした変化の原因はどこにあるのだろうか。第3章では，習政権が新しい外交理念を模索する一方で，「核心的利益」の擁護を強めていることが対外政策に揺れをもたらしているとの理解に立ってその現状を分析し，今後の展望を試みている。

　習政権は，発足当初から，「核心的利益」の擁護を重視してきた。そして，それは習が政権発足以来，繰り返し強調した「中国の夢」，その重要な内容を構成する「中華民族の偉大な復興」と結びついて範囲を拡大してきた。もともとは「台湾，チベット自治区，新疆ウイグル自治区における中国の主権」を指した「核心的利益」は，いつの間にかその範囲を拡大している。範囲が拡大するなかで問題となったのは，とくに海洋に関する主権や権益の擁護をそれに含めるとらえ方が中国で広がったことである。その結果，南シナ海や尖閣諸島において「核心的利益」を主張する中国と周辺諸国との摩擦が激化することになった。

　しかし，周辺諸国外交を律するのは「核心的利益」の擁護だけではない。習政権は同時に，新たな地域秩序を模索する動きも見せている。現在，ことあるごとに強調されている「一帯一路」構想には，周辺諸国との政治的関係を友好的に保ち，経済的なつながりを強化し，安全保障協力を強化するとのメッセージが含まれているとみるべきだろう。習政権がこうしたメッセージを打ち出した背景には，国力の伸張にともない，中国としても周辺諸国外交だけにとどまらず，外交戦略全般を立て直さなければならなくなってきたという事実がある。

　外交戦略を支える新たな理念を模索した習政権は，「協力とウィン・ウ

ィン」を基軸とし，地域や国際社会での新秩序形成で主導権を発揮することをめざして 2014 年頃から「中国の特色ある大国外交」を掲げるようになった。この理念のなかで，「核心的利益」の擁護と「協力とウィン・ウィン」を基軸とする方針は統一されている。注目されるのは，(1)同外交理念は習近平が切り開いた理念だとする主張が出てきていること，(2)主導権発揮の対象が，当初は周辺地域であったのが，世界へと拡大したこと，である。中国では，2015 年頃からグローバル・ガバナンスをめぐる議論が盛んとなった。議論のなかで，(1)国際的パワーバランスに深刻な変化が生じており，新興市場国と発展途上諸国の国際的影響力が高まっていること，(2)現状のグローバル・ガバナンスには不公正，不合理さがあるので，これを変革して「人類運命共同体」を打ち立てるべき，といった主張が出てきた。最近では，19 回党大会の習報告などの重要演説でも「人類運命共同体」に言及されることが増えてきている。「人類運命共同体」は国際秩序全般を律する理念だと規定されている。

　第 1 期習政権の 5 年間を振り返ると，上述してきたような「協力とウィン・ウィン」の外交理念と「核心的利益」擁護の強硬な外交政策がかい離する場面が目立ち，ときには外交に揺れをもたらしていたといわざるを得ない。前者は「一帯一路」構想などと親和性があるが，後者が引き起こす対立・摩擦も大きい。第 2 期習政権の対外政策をみるうえでは，上述したような理念と政策の溝をどのように埋めて，「中国の特色ある大国外交」を展開していけるのか，という視点が重要となろう。

2．対外開放とグローバル・ガバナンス

　中国の対外開放の大きな画期を成したのが WTO（世界貿易機関）加盟（2001 年）であったことは多言を要さない。中国は加盟後，まずはその枠内での地位向上に努めた。依然として「非市場経済」認定から抜け出せていないが，2008 年には WTO をリードする「少数国会合」（G7）メンバーとなっている。しかし，この間に世界の FTA の潮流はさらに加速し，中国としても，TPP（環太平洋パートナーシップ協定）に代表されるような，

高度で多国間にわたるメガFTAへの対応を求められるに至った。こうした課題に中国はどう立ち向かおうとしているのだろうか。第4章では，中国の対外開放スタンスの変化について，国際経済分野におけるグローバル・ガバナンスへの対応に注目しつつ論じている。

当初はTPPを「対中包囲網」とみなした中国だが，対応の努力は怠らず，アメリカとのBIT（2国間投資協定）交渉に取り組むとともに自由貿易試験区実験を開始した。自由貿易試験区では，(1)規制緩和を軸にいっそうの対外開放を進め，(2)それに対応した制度改革，法制改革，政府機能転換を進める実験措置が行われており，その適用範囲も当初の4つの実験区から急速に拡大されている。

とはいえ，中国をめぐる経済摩擦は絶え間なく発生している。とくに問題視されるのが貿易不均衡である。第4章はその代表例である米中経済摩擦について新しい見方を提示している。第1に，両国間貿易を通関統計（モノの出入り）ではなく，付加価値貿易ベースでとらえると，貿易収支（アメリカの赤字）は半分程度にとどまること，第2に，人民元はもはや過小評価された通貨ではなくなっていること，そして第3に，米中経済関係は多国間の視点でみる必要があることが指摘される。しかし，トランプ政権が登場したことで両国間の経済摩擦は新しい段階を迎えた。とくにアメリカでは，中国の国家資本主義的志向・実態についての批判が強く，それが争点化するだろうとの見通しが示される。

第4章は，「一帯一路」構想が，中国が模索する新しいグローバル・ガバナンスの実験場となっている点も指摘している。すでに中国は投資の出し手国になりつつあり，産業の国外移転が本格化している。構想の背景には，こうした中国経済の構造変化がある。第3章でみたような外交政策の転換もあり，中国は今後，自らの意図を実現するための多国間経済秩序を求める傾向を強めるであろう。だとすれば，「一帯一路」構想の対象地域は，将来的には，中国が主導する経済圏となる可能性がある。それでも，同構想は，対象地域の経済発展にはプラスの面があると考えられる。日本としても，こうした趨勢を冷静にみて，ビジネスチャンスを求めるというスタンスが必要であろう。

第3節　旺盛な企業イノベーション

　本書執筆時点において，中国経済に対する悲観論は次第に影を潜め，IT分野を中心としたハイテクの普及やそれを基盤とした新しいサービスの提供が，経済成長を牽引していることを肯定的に取り上げる報道が増えてきている。第5章は，こうした趨勢下で中国政府が強調するようになった「イノベーション駆動型発展戦略」について，政府と企業の動きに焦点をおいて具体的に論じている。

　まず，政府の政策スタンスは，「大衆による創業，万人によるイノベーション」というスローガンに示されるように，民間部門のイノベーションの潜在能力に注目し，政府がそれを支援する政策措置をとるというものである。イノベーションの有望分野については「インターネット＋」，すなわちインターネット技術活用によって製造業，流通，金融などの既存産業分野の高度化を図ることを奨励している。政府のこうした発想の背景には，BAT——百度（Baidu），アリババ（Alibaba），テンセント（Tencent）——と称される，インターネット技術で中国社会全体に情報インフラを提供している企業群の急成長があり，ユニコーン企業（企業価値が10億ドル以上で未上場のハイテク・スタートアップ企業）の輩出がある。BATはいずれも1990年代後半以降に創業したスタートアップ企業であるが，アリババの株式時価総額は2017年9月時点で世界7位，テンセントが同8位となっている。また，2017年の中国のユニコーン企業数は59社でアメリカの127社の半数だが，一年間の全世界の新規ユニコーン企業数に占める各国企業数の比率では36％とアメリカの41％に迫っている。経済全体を牽引し得る成長力を示しているといえる。第5章では，近年急成長した小米（スマートフォンメーカーから出発）をケースに，同社が，発達したインターネットを通じて低コストで顧客を獲得し，インターネットを通じ販売の多角化で業容を拡大していく姿を分析している。

　他方，製造業全体の発展戦略としては，上記に先立って「中国製造2025」が公布されている。2025年までにドイツや日本などの先進工業国

が工業化を達成した時期の水準に到達することを掲げていることからこの名がついているが，最終的には世界的製造業強国になることが目標とされている。そこでリストアップされた分野をみると，従来と同様，先進国へのキャッチアップを基本的発想としているようにもみえるが，インターネット技術の応用を重視していることや，特定の産業分野で長期にわたり技術開発に取り組むことの重要性に着目した「工匠精神」（クラフツマンシップ）を強調していることなど，長期にわたる取組みを前提としていることに注目しておくべきであろう。とくに後者について第5章は，ロボット，CNC工作機械，集積回路などの分野を例に挙げて，基幹部品と重要設備の輸入依存は変わっていないという問題点からその必要性を強調している。ただし，「工匠精神」については，社会的価値観であるだけに，これが定着するためにはかなりの努力を要するとみられる。政府はキャンペーンを行っているが，まさに長期的な取組みが求められよう。

19回党大会の習報告に続き，13期全人代においても，「大衆による創業，万人によるイノベーション」「インターネット＋」「中国製造2025」に関して具体的政策措置を含む言及がなされている。このことは，政治，イデオロギー面における毛沢東時代への回帰と，経済面における近代化路線の併存が，習時代の特徴となることを示唆しているように思われる。

第4節　基本的社会問題への対処

本書の最後のパートとなる第6章では，改革開放のプロセスで発生した社会問題のうち，貧困・格差問題に対する習政権の取組みを分析している。この問題は，市場化改革を推進することで拡大する性質をもっており，かといって市場化に反発してただ毛沢東時代のような表面的平等主義を叫んでも解決できないものでもあり，新たな取組みが求められている。また，習政権は，「腐敗退治」キャンペーンで庶民レベルの支持を得てきたが，さらにこの問題に取り組むことで支持を拡大できると計算しているフシもある。

習政権は，自らの定義した基準において，2015年段階で5500万人いた貧困人口を13次5カ年規画最終年（2020年）にゼロにするという数値目標を示し，「精確な貧困支援」を掲げて取組みを強化している。年限を切った数値目標を掲げた点，さらには，一律に広範囲を対象とするのではなく，改めてターゲットを明確化したうえでの政策実施を強調している点に新規性がある。後者については，①貧困者の選定，②貧困者の必要に応じた事業調整，③援助資金確保，④援助の貧困者への効果的支給，⑤すべての貧困村への事業人員配置，⑥事業成果の評価，の6つについて従来以上の正確さを要求している。

　第6章では，他の章で分析している「新型都市化計画」や「一帯一路」構想が貧困・格差問題の解決に影響を与える可能性についても検証を試みている。前者においては，すでに都市に居住している農村戸籍者（いわゆる民工）を都市戸籍に転換させ，彼らにも都市住民同等の社会福祉を提供することが計画されている。もっとも現時点では，政策がめざすような農村戸籍者の都市戸籍への転換では，中小都市においては貧困・格差問題が緩和されるものの，大都市では厳しいままであると予想される。かつ，その実施は各地方政府に任されている面が大きく，思うような進展をみせていないとの報告もある。

　後者においては，西部内陸地域への資金投入が強化されるので，同地域の貧困・格差問題の改善に資する可能性がある。しかし，西部内陸地域への資金的支援はこれまでも長年取り組まれてきたが，それだけでは同地域の貧困・格差問題を解決することができなかったという厳然たる事実がある。今残されている貧困問題は，経済成長や長年にわたる貧困削減策をもってしても解決できなかったものだけに難度が高いのは当然である。その困難さは，戸籍や労働の移動制限，税制の不備による所得再分配の不徹底など制度上の問題に起因する面があり，政策実施のための人材育成・確保もまた不十分であると第6章は指摘する。習政権は，より長期的な視点で貧困問題に取り組むことを求められているといえよう。

序章　習近平政権への視点

おわりに

　19回党大以降の中国では，とくにイデオロギー分野において「左」の主張が強まっているようにみえる。また，対外関係においても，ナショナリスティックな動きが目立っている。これらは，一定程度，習近平個人の思考方向と軌を一にしたものと考えられる。そして，言論界はともかく国民レベルでは，こうした動きを批判する機運は感じられない。本章冒頭でも述べたように，改革開放が後退する危惧は否定できないように思われる。

　しかし，中国を取り巻く状況は大きく変化しようとしている。まず，国際情勢をみると，アメリカのトランプ政権が，自国優先を掲げて保護貿易を主張し，世界の安全保障において果たしてきた責任を見直す発言を行うなど，予測不能性が高まっている。そうしたなか，世界は中国に対して，自由貿易の堅持や安全保障分野で一定の役割を果たすことを求めるようになった。中国がグローバル・パワーとしてふるまおうとするなら，自らの価値観のみで行動することは許されない，という皮肉な状況が出現しているのである。

　また，国内においても，本書で第1期習政権を主たる対象として検証した結果が示すように，政権発足以来取り組んできた諸課題の多くは，いまだ解決されておらず，引き続き忍耐強く対応していくしかない状況である。課題の複雑さを思えば，習政権の2期目を超えて2035年に中国が「強国」となるためには，いずれ，施政のスタンスを変えなければならなくなる可能性が強いと考えられる。

　とはいえ，習政権の今後を見通すためには，さまざまな現象を個別に取り上げて論じるだけでは不十分であろう。本書で試みたように，現在中国社会の各分野で起こっている変化について，できるかぎり幅広く客観的に分析し，それに基づいて総合的に判断を下す必要がある。本章では，各章の分析をふまえながら，そうした分析の手掛かりとなり得るいくつかの視点を提示するように努めた。もしこれらの視点がいくらかでも有効だとしたら，編者としてこれに過ぎる喜びはない。読者各位の叱正を待ちたいと考

える。

[参考文献]

＜日本語文献＞
大西康雄 2015.『習近平時代の中国経済』アジア経済研究所.
大西康雄編 2017.「習近平政権二期目の課題と展望」（調査研究報告書）　アジア経済研究所.
佐々木智弘 2014.「総書記就任から二年の習近平――成果と課題――」『東亜』(568) 92-98.
矢吹晋 2017.『習近平の夢――台頭する中国と米中露三角関係――』花伝社.

＜中国語文献＞
中共中央文献研究室編 2014.『十八大以来重要文献選編（上)』北京　中央文献出版社.

第1章

政治構想，リーダーシップ，指導部人事の特徴

鈴木　隆

はじめに

　2017年10月，中国共産党は，第19回全国代表大会（以下，19回党大会）を開催した。大会では，習近平が，「小康社会の全面的完成の決戦を進め，新時代の中国の特色ある社会主義の偉大な勝利を勝ちとろう」と題する政治報告（以下，「報告」）（習近平2017）を行うとともに，改正された新たな党規約（以下，「規約」，または，19回党規約）を採択した（『人民日報』2017年10月29日付）。

　19回党大会閉幕後に開かれた，第19期中央委員会第1回全体会議では，中央委員会総書記を筆頭に，中央政治局委員，同常務委員からなる新指導部の顔ぶれが発表され，第1期習近平政権（2012～2017年）に続き，習近平が党総書記に再任された。以上の経緯を経て，習は2期目の施政を正式にスタートさせた。

　本章は，第2期習近平政権（2017～2022年）について，「報告」と「規約」の内容，および，指導部人事の分析を通じ，①政権の掲げる中長期的な政治構想と体制イデオロギーの要点，②中央政治局の人事と派閥の勢力分布，③習近平の政治的パーソナリティや政治指導の特徴，集権化の意味合いなどを，総合的に考察しようとするものである。

　19回党大会については，大会の前後において，新聞や雑誌等に発表された時評の類を除けば，その成果を本格的に追究した研究は少ない。このうち，諏訪一幸の論文は，「報告」と「規約」のポイント，指導部人事の

特徴などを要領よくまとめつつ，第 2 期政権の内外政策の論点について，バランスのとれた分析を行っている（諏訪 2018）。山口信治の一連の論考（山口 2017a；2017b；2017c；2017d）は，「報告」の中身，とくに，外交・安全保障政策の内容を詳細に検討している。

これに対して本研究は，習近平の権力とリーダーシップ，エリート政治の動向に力点をおき，19 回党大会を総括することで，中国政治の中長期的展望を行う。また，2018 年 3 月の全国人民代表大会の成果も，一部に取り上げる。加えて，本文以下の叙述は，文献資料のみならず，中国のエリート政治の事情に詳しい有識者へのインタビュー内容も多く反映している[1]。無論，本章の記述とそこに含まれ得る誤りは，すべて筆者の責任に帰する。

第 1 節　政権運営の指針と体制イデオロギー

19 回党大会をひと言で総括すると，「習近平による，習近平のための，習近平の大会」であった。習個人の立場からすれば，基本的な成功を収めたといえる。だがその反面，5 年に 1 回しかない中長期的な施政方針の表明機会であるにもかかわらず，「報告」の中身は，具体性をともなう政策案の提示や政策イノベーションの要素が不足気味であった。さらに，ポスト習近平の権力継承の不透明さが増すなど，中国政治の全体的発展の趨勢からみると，失われたものも大きい。また，19 回党大会では党規約を改正し，「習近平の新時代の中国の特色ある社会主義思想」（以下，習近平思想）を全党の新たな指導思想に指定した。

本節では，まず「報告」の分析を通じ，第 2 期習近平政権の政策構想の要点を確認する。つぎに，習近平思想の特質を明らかにすべく，「規約」の大綱部分に焦点をおき，18 回党規約からの修正状況や歴代党規約との

---

[1] 2016 年から 2017 年にかけて複数回行った面談調査では，多くの日本人，中国人の研究者・外交官・報道関係者にご協力いただいた。改めて謝意を表する。

異同について，比較検討を行う[2]。その際，毛沢東思想や鄧小平理論との関係性を念頭におきながら，習近平思想の初歩的分析を試みる。

とくに後者の論点に関し，あらかじめ，次の2点を強調しておきたい。第1に，習近平は，自らを，毛沢東や鄧小平と同格のリーダーであり，江沢民・胡錦濤の2名よりも上位にあると明確に認識している。習は，毛や鄧に匹敵する偉大な指導者として，自身の名を歴史に残すことを強く望んでいる。第2に，習近平思想は，政治論の内的構成の面で，毛沢東思想と鄧小平理論の折衷的産物として理解できる。ただし，党の指導性や改革開放を通じての強国志向など，イデオロギー的土台を共有しつつも，発展観（追求すべき発展の理念）の変化と「中華」ナショナリズムの過度な強調の点で，毛沢東思想や鄧小平理論とは性質を異にする。その意味において，確かに「新時代」のイデオロギーといえる。

1．内政と外交の基本方針

（1）「新時代」，「強国」，「共同富裕」のキーワード

上述のように，「報告」は長文の割に，政策面での新規性に乏しかった。その中からいくつかのキーワードを挙げるとすれば，おもなものは「新時代」と「強国」のふたつ，従たるそれは「共同富裕」である。

「新時代」の言葉は，各章の表題を含めると，計30回以上も登場する。「報告」によれば，今日「中国の特色ある社会主義は，新時代に入った」が，その新たな歴史性は，「近代以来，長期にわたって苦難を味わった中華民族が，自立し，豊かになることを経て，強くなるという地点にまで，偉大な飛躍を遂げた」ことに求められる。建国の父である毛沢東と，改革開放による繁栄をもたらした鄧小平に対し，習近平は，リーダーとしての自らの存在意義と歴史的使命を，中国の強国化に見定めている。

このように，「新時代」と「強国」の言葉は，互いに緊密な関係にある。

---

[2] 「規約」については，筆者が別のところで発表した18・19回の両党規約の新旧対照表も参照のこと（鈴木2018）。19回党規約は，大綱と本体（第1～10章）のふたつの部分からなるが，本論の趣旨に鑑み，前者を中心に検討し，後者を補足的に扱う。

習近平は「報告」の中で，長期的な国家目標として，「富強，民主，文明，調和のとれた，美しい社会主義現代化強国」の確立を指示したほか，個別の政策領域でも，中国をして，世界有数の国家に高めることを求めた。いわく，中国は「製造強国」「品質強国」「科学技術強国」「宇宙開発強国」「インターネット強国」「交通強国」「海洋強国」「貿易強国」「体育強国」「教育強国」「人材強国」等々の地位を獲得しなければならない，と。そのいくつかは胡錦濤政権期にも存在していたが，強国の使用例の多さは，今回の政治報告の大きな特徴となっている。
　「報告」には，一部の者が先に豊かになるのを奨励する「先富論」の正当化のために鄧小平が用いた，「共同富裕」の語も目立つ。これに関して「報告」中では，従前とは異なる「主要な社会矛盾」として，発展の不均衡と不十分さが指摘された。そして，この課題克服のため，個人レベルでは，生活水準の向上を含む「個々人の全面的な発展」が，国民全体では，格差是正の実現が，それぞれ謳われた。もう少し丁寧にいえば，金銭的な価値だけでなく，良好な自然環境のもと，安心安全で文化的な暮らしを営むことのできるように，国民生活の全般的な豊かさと質の向上を重視する，ようになった。

（2）既存の政治体制と富国強兵策の維持

　前項の内容から判断すると，2017～2022年の第2期習近平政権では，次の2点を柱とする従来路線の継続が基本となり，大きな政策転換の可能性は少ないと思われる。
　ひとつは，共産党の一党支配の死守であり，そのための中心的取組みは，党の統制力の強化と，反腐敗を主眼とする党改革である。「報告」は，「新時代の中国の特色ある社会主義」を発展させるための筆頭の施策として，「党，政，軍，民，学の各方面，東西南北中の全国各地で，党がすべてを指導する」ことをあげた。文革期の政治スローガンを彷彿とさせるこの一文は，今次大会で採択された党規約の中にも，新たに記された。
　もうひとつは，富国強兵の追求であり，内政では，安定成長の維持と格差是正に配慮した一定の分配政策が，外交・安全保障では，「一帯一路」

をおもな政策ツールとする国際的な影響力の拡大と，軍備増強が推進されるであろう。一帯一路は，個別の政策案件としては珍しく，党規約にまで書き込まれた。軍事力の強化については，「強国強軍の時代的要求」を充たすための軍改革の着実な実行を求めている。

だが，すぐ後でみるとおり，格差是正に関する取組みは，具体性と実効性の面で，依然として相当に不透明である。また，「社会矛盾」の変化を指摘する一方，政治面での矛盾，すなわち，自由民主主義の制度なしに，公正な富の分配と，それに対する国民の政治意識の涵養を実現できるのかについても，「報告」は沈黙している。

(3) 2020～2050年までの国家発展の長期戦略

「報告」において，習近平が発表した2020年以降の国家発展の見取り図は，これまで曖昧にされてきた「2つの百周年」の狭間の時期，すなわち，中国共産党創立100周年（2021年）から，中華人民共和国建国100周年（2049年）までの，約30年間の発展の青写真を描いたもので，「報告」の中では，数少ない政治的新味をともなうものであった（図1-1）。

このシナリオによれば，政治参加や発展権（発展を希求し実現する権利）の十分な保証など，民主化の部分的実現は，2020～2035年の目標内容に指定され，重要課題として意識されてはいるものの，実質的に先送りされた。「共同富裕」についても，2020～2035年の段階で，「歩みだしている」の表現にとどまっているように，実現までには，相当に長いスパンが想定されている。相続税の導入など，本格的な格差対策の実行性は，相変わらずの視界不良というのが率直な感想である。

それゆえ，穿った見方をすれば，これらの発展プランは，2017年の19回党大会で，こうした「未来予想図」を習近平が提出したという，その行為自体に大きな意味があり，2020年以降の計画の細かな中身を現時点で真面目に検討する必要性は少ない。党の内外に向けて，習が自身の長期政権の可能性を示唆する，あるいは，その決意表明を示すという政治的アピール効果をねらったものと理解すべきであろう。

図1-1 中国の長期的な国家発展の見通し（2017〜2050年）

```
┌─────────────────────────────────────────────┐
│   2017〜2020年「小康社会」の全面的完成        │
│ ・「小康社会の全面的完成の決戦勝利の時期」     │
│ ・2020年までに，2010年比でGDPと1人当たり国民所得│
│   を倍増させ，かつ，貧困撲滅を実現する         │
└─────────────────────────────────────────────┘
```

```
┌─────────────────────────────────────────────┐
│  2020〜2035年「社会主義的現代化」の基本的実現  │
│ ・「小康社会の全面的完成を土台に，さらに15年間，奮闘し │
│   て，社会主義の現代化を基本的に実現する」      │
│ ＜おもな内容＞                                  │
│ －経済力，科学技術力，技術革新能力の向上        │
│ －「人民の平等な参加と平等な発展の権利」の保証，法治国│
│   家の実現，国家のガバナンス能力の向上           │
│ －国のソフトパワーと中華文化の影響力の拡大       │
│ －中所得層の増加，格差縮小，公共サービス均等化，「全人│
│   民の共同富裕が堅実な足取りで歩みだしている」   │
└─────────────────────────────────────────────┘
```

```
┌─────────────────────────────────────────────┐
│ 2035〜2050年「社会主義的現代化強国」の全面的実現 │
│ ・「現代化の基本的実現を土台に，さらに15年間，奮闘して，│
│   わが国を富強・民主・文明・調和のとれた，美しい，社会│
│   主義の現代化された強国に築き上げる」           │
│ ＜おもな内容＞                                   │
│ －「物質文明，政治文明，精神文明，社会文明，エコ文明」│
│   の全面的向上                                  │
│ －「国家のガバナンスシステムとガバナンス能力の現代化」│
│   の実現                                        │
│ －「トップレベルの総合国力と国際的影響力を有する国」と│
│   なる                                          │
│ －「全人民の共同富裕を，基本的に実現」する      │
└─────────────────────────────────────────────┘
```

（出所）19回党大会の政治報告に基づき，筆者作成。

2．習近平思想のイデオロギー的特色

（1）習近平の権威と権力の強化
①建国元勲並みの格付け

　習近平の名前を冠したイデオロギー的権威づけの用語が，党規約に盛り込まれるか否かは，19回党大会の注目点のひとつであった。結果は既述のとおり，「習近平の新時代の中国の特色ある社会主義思想」という長いフレーズの言葉が登場している。

　「規約」において，習近平思想は，毛沢東思想，鄧小平理論，3つの代表，科学的発展観と並ぶ，共産党の行動指針に位置づけられた。個人名をもつ指導思想が党規約に明記されたことは，習の権力基盤が相対的に安定していることの証左であり，2期目の政権運営においても，指導力の発揮に有利に作用することは間違いない。

　また，習近平思想に関する党規約の文言からは，自身を江沢民と胡錦濤の前任者よりも上位に，毛沢東と鄧小平と同格のリーダーとして並び立とうとする習近平の意志が明確にみてとれる。「規約」の説明では，3つの代表と科学的発展観は，「形成」されたのに対し，習近平思想は毛沢東思想や鄧小平理論と同じく，「創造」の言葉をもって，理論的評価が一段高められている（**表1-1**，下線部）。

　こうした点にも，習による毛や鄧と並ぶ偉大な指導者としての自己演出の努力が表れている。

表1-1　19回党規約で規定された5つの「指導思想」

名称	大綱中の表現
毛沢東思想	毛沢東同志を主要な代表者とする中国共産党員は，マルクス・レーニン主義の基本原理と中国革命の具体的実践を結びつけ，<u>毛沢東思想を創造〔創立〕</u>した
鄧小平理論	11期3中全会以来，鄧小平同志を主要な代表者とする中国共産党員は，……全党の活動の中心を経済建設に移行させ，改革開放を実行し，……<u>鄧小平理論を創造〔創立〕</u>した
「3つの代表」重要思想	13期4中全会以来，江沢民同志を主要な代表者とする中国共産党員は，……どのような党をつくり，どのように党をつくり上げるかの認識を深め，……<u>「3つの代表」重要思想を形成〔形成〕</u>した
科学的発展観	16回党大会以来，胡錦濤同志を主要な代表者とする中国共産党員は，……どのような発展を実現し，どのように発展するのかなどの重要な問題について認識を深め，……人を基本とし，全面・協調・持続可能な発展という<u>科学的発展観を形成〔形成〕</u>した
習近平の新時代の中国の特色ある社会主義思想	18回党大会以来，習近平同志を主要な代表者とする中国共産党員は，……新時代にどのような中国の特色ある社会主義を堅持し発展させるのか，中国の特色ある社会主義をどのように堅持し発展させるのかという重要な時代的課題に……回答を与え，<u>習近平の中国の特色ある社会主義思想を創造〔創立〕</u>した

（出所）　19回党大会の政治報告に基づき，筆者作成。
（注）　表中の〔　〕には，必要に応じて中国語原文，または，筆者の補足を記す。

第1章 政治構想，リーダーシップ，指導部人事の特徴

②個人集権の推進

　習近平の指導力強化の動きも顕著である。たとえば，党員の義務として，「習近平同志を核心とする党中央の権威と集中統一指導」を擁護すべきであることを，「規約」に追加した。

　また，「習近平強軍思想」の貫徹が指示されたことは，軍へのコントロールに対する習の強い意志が表れている。特筆すべきは，「規約」の本体部分で，党中央軍事委員会の主席責任制が明記された点である（党規約第23条）。憲法の国家中央軍事委員会の規定（憲法第93条）に基づき，それに字句を合わせる形で，党規約の修正がなされたとみられる。憲法が党規約に優先し，「国家」が「党」を規制したという点で，珍しいケースである。元々，党と国家の両軍事委員会（軍委）は，実態的には同一であるため，今回の規定変更でも，軍委主席の権限や役割に大きな変更はないと思われる。だが，19回党規約で軍委主席責任制が明記されたことは，軍に対してだけでなく，中国政治全体における習近平の権威確立にとって，強力なサポートとなるだろう。

（2）政治改革の代替措置としての党内ガバナンスの向上

　自由化と政治参加の代わりに，習近平は，党内秩序の再建と反腐敗をめざした党内の管理監督には熱心である。党務の厳正化を意図した条文の変更は，党規約の全体を通じて，きわめて多い。「規約」の大綱のなかで，党の基本業務について，活動の風紀の改善と反腐敗，党内監督を独立して記載したことも，指導部の問題意識の高さを示している。

　規律順守と反腐敗に関しては，「規約」の本体部分でも，組織体制の面で大きな進展があった。とくに，党委員会に対する規律検査委員会の地位が相対的に上昇したことは注目に値する。当該の規律検査委員会と同級の党委員会，および，それより上級の規律検査委員会による二重指導は，従来どおり維持される一方，規律検査部門の垂直指導の強化が定められた。党委員会委員や同常務委員への処分，違反の調査に際しては，上級の規律検査委員会の指揮命令と調査権限が，優先的に確保されるようになった。これらの変更は，党内の腐敗抑制に一定の効果を果たすと思われる。

(3) 発展理念の見直し

①「主要な社会矛盾」の変化

習近平思想は,「新時代の中国の特色ある社会主義」の中身を定めたとされ,それは,発展観の変化と強国志向を意味する。このうち発展観については,「報告」で,「主要な社会矛盾」(主要矛盾)が変化したとの判断が示された。これを受けて「規約」は,1982年の12回党大会以来,実に35年にわたり維持されてきた主要矛盾の定義(「人民の日増しに増大する物質・文化面の必要項目と,立ち遅れた社会的生産との間の矛盾」)を,新たなそれ(「人民の日増しに増大する素晴らしい生活への必要項目と,不均衡・不十分な発展との間の矛盾」)に変更した。

主要矛盾の見直しにともない,追求すべき発展理念も大きく変化した。「規約」は,将来における経済発展の持続を述べつつも,成長一辺倒ではないバランスのとれた発展を求めている。建国100周年の2049年頃に達成すべき長期目標について,①1人当たりGDPの経済指標に基づく具体的な国家像を撤回し,「社会主義現代化強国」という抽象的・政治的な表現に改めたこと,②強国の要素のひとつに,環境保全を意味する「美しい中国」の言葉が入ったことは,発展観の変化を示唆する。経済発展のあり方についても,スピード優先の指示が削除され,成長の質,効率,公正,持続可能性の向上を求めている。

②社会主義初級段階の曖昧な扱い

ただし,計画経済の悪平等の観念を打破するために提起された前出の先富論や,1987年10月の13回党大会で定式化された社会主義初級段階の考えは,19回党規約でも維持された。これらの考えは,1980年代に鄧小平の主導のもとに導入され,社会主義初級段階は,1950年代半ばの「社会主義的改造」(農業と工業の集団化)から100年余り続くとされる。

だが同時に,19回党規約では,大綱の説明部分から「社会主義初級段階における党の基本綱領を全面的に執行」すべきとの一節がなくなった。同様に,社会主義初級段階は,「あと100年の時間が必要」としつつも,「経済と文化が遅れていた中国」との旧規約の表現に対しては,「当初は」

の言葉を加え，これをことさらに強調するようになっている。そこには，「今はもう違う」との発展の成果への自信が，言外に滲み出ている。こうした改削の理由は不明だが，「改革開放の総設計師」と称される鄧小平が，2050年代半ばまでは社会主義初級段階が続くと明言している以上，国家のマクロな発展段階としては簡単には反故にできないが，より下位の政策レベルでは，この理論的枠組みを離脱しようとする意思表明ともとらえられる。

（4）国家目標としての「強国」
①「強国」の政治的内実

2012年11月の18回党大会以来，習近平は，国家の長期目標として，「中国の夢＝中華民族の偉大な復興＝2つの100周年の奮闘目標」（①共産党創立100周年の2021年頃に，GDPと1人当たり国民所得を2010年比で倍増させ，小康社会を全面的に完成させる，②中華人民共和国建国100周年の2049年頃に，「富強，民主，文明，調和のとれた社会主義の現代化された国家」を築き上げる）の実現を，繰り返しよびかけてきた。

しかし，「報告」において習は，②の内容を一部修正し，「富強，民主，文明，調和のとれた，美しい，社会主義の現代化された強国」を新たに提示した。この単なる「国家」でない「強国」への野心的志向は，「規約」の文面にも反映されている。

一方で，建国後に採択された計12の党規約のうち，大綱部分で，改革開放の基本国策の評価や人材育成，文化・科学技術の個別政策の推進以外に，国の総合目標として強国の語を用いたのは，11回党大会当時の，「4つの現代化」（農業，工業，国防，科学技術の現代化）に基づく「社会主義強国」が唯一の例である。それは，翌1978年12月の11期3中全会コミュニケでも，「社会主義の現代化された強国」「現代化された偉大な社会主義強国」として引き継がれた（**表1-2**，下線部）。

こうしてみると，19回党規約で，「社会主義の現代化された強国」が改めて謳われたことは，指導部の歴史認識においては，同一の目標を掲げて近代化路線のスタートを切った11期3中全会に匹敵する，まさに，「新時

代の中国の特色ある社会主義」の始まりとして位置づけられているのではあるまいか。

②「中華」ナショナリズムへの傾斜

ただし，1978年当時と今日の状況が大きく異なるのは，体制イデオロギーとしての「中華」ナショナリズムへの過度の依存である。19回党規約の大綱中，旧規約の「民族の優秀な文化」が，「中華の優秀な文化」（傍点，引用者）に書き換えられたように，国民統合における中華意識の喚起が顕著である。

表1-2　建国以後の歴代党規約における「強国」

党大会	開催年月	大綱中の表現
第8回	1956年9月	なし
第9回	1969年4月	なし
第10回	1973年8月	なし
第11回	1977年8月	今世紀〔20世紀〕の内に，党は，全国各民族人民を指導し，わが国を，農業，工業，国防，科学技術の現代化された社会主義強国〔農業，工業，国防和科学技術現代化的社会主義強国〕に築き上げなければならない
11期3中全会（コミュニケ）	1978年12月	(1)全会は，全党，全軍，全国各民族人民が心を一つにし，……今世紀の内に，わが国を，社会主義の現代化された強国〔社会主義的現代化強国〕に築き上げるための新たな長征を実行するよう要求する (2)我々は，毛沢東思想の旗印の下にさらに緊密に団結し，……わが国の遅れた様相を根本から改め，現代化された偉大な社会主義強国〔現代化的偉大社会主義強国〕に築き上げるため勇躍前進しよう！
第12回	1982年9月	なし
第13回	1987年11月	なし

第 1 章 政治構想，リーダーシップ，指導部人事の特徴

　このことは，歴代党規約の比較からも，一目瞭然である。建国以降の党規約の大綱で，「中華」の言葉は，2000 年代に入るまで，人民共和国の名称以外には登場しなかった。文革期の第 9・10 回党規約には，毛沢東個人崇拝と国際共産主義運動の教条主義的影響のもと，それさえ消えている。江沢民・胡錦濤の両政権期でも，国名，3 つの代表（「中国労働者階級の前衛部隊であると同時に，中国人民と中華民族の前衛部隊」），環境保護（「人民のために良好な生産生活環境を創出」）の各文脈に限られていたが，19 回党

第 14 回	1992 年 10 月	なし
第 15 回	1997 年 9 月	なし
第 16 回	2002 年 11 月	改革開放の堅持は，われらの強国の道
第 17 回	2007 年 10 月	(1)人材強国戦略 (2)改革開放の堅持は，われらの強国の道
第 18 回	2012 年 11 月	(1)人材強国戦略 (2)社会主義文化強国 (3)改革開放の堅持は，われらの強国の道
第 19 回	2017 年 10 月	(1)新中国成立 100 周年〔2049 年〕までに，社会主義の現代化強国〔社会主義現代化強国〕を全面的に築き上げる (2)全国各民族人民を指導し，団結させ……，わが国を，富強，民主，文明，調和のとれた，美しい，社会主義の現代化された強国〔富強民主文明和諧美麗的社会主義現代化強国〕に築き上げるために奮闘する (3)人材強国戦略 (4)社会主義文化強国 (5)〔中国を〕世界科学技術強国〔とする〕 (6)改革開放の堅持は，われらの強国の道

（出所）　各党大会資料に基づき，筆者作成。
（注）　表中の〔　〕には，必要に応じて中国語原文，または，筆者の補足を記す。

規約では,「中華民族の偉大な復興」をはじめ,ナショナリズム鼓吹の用例(「中華の優秀な伝統文化の創造的転化と創造的発展」,「中華民族の共同体意識」)が急増した(**表1-3**)。

表1-3 建国以後の歴代党規約における「中華」

党大会	回数	大綱中の表現
第8回	2回	中華人民共和国(計2回)
第9回	0回	なし
第10回	0回	なし
第11回	1回	中華人民共和国
第12回	1回	中華人民共和国
第13回	1回	中華人民共和国
第14回	1回	中華人民共和国
第15回	1回	中華人民共和国
第16回	2回	(1)中華人民共和国 (2)共産党は,中国労働者階級の前衛部隊であると同時に,中国人民と中華民族の前衛部隊であり,……中国の先進的生産力の発展の要求を代表し,中国の先進的文化の前進する方向を代表し,中国の最も広範な人民の根本的利益を代表する
第17回	2回	(1)中華人民共和国 (2)共産党は,中国労働者階級の前衛部隊であると同時に,中国人民と中華民族の前衛部隊

第18回	3回	(1)中華人民共和国 (2)共産党は，中国労働者階級の前衛部隊であると同時に，中国人民と中華民族の前衛部隊 (3)資源節約型社会，環境に優しい社会の構築に注力し，……<u>人民のために良好な生産生活環境を創出し，中華民族の永続的な発展を実現する</u>
第19回	9回	(1)中華人民共和国 (2)共産党は，中国労働者階級の前衛部隊であると同時に，中国人民と中華民族の前衛部隊 (3)……人民のために良好な生産生活環境を創出し，中華民族の永続的な発展を実現する (4)<u>中華民族の偉大な復興</u>（計4回） (5)教育，科学，文化事業の発展に大いに力を入れ，<u>中華の優秀な伝統文化の創造的転化と創造的発展を促し，……国の文化的ソフトパワーを高める</u> (6)平等，団結，互助，調和のとれた社会主義の民族関係を擁護し，……<u>中華民族の共同体意識をしっかりとつくり上げ〔鋳牢〕</u>，各民族が共に奮闘し，発展することを実現する

（出所）各党大会資料に基づき，筆者作成。
（注）表中の〔 〕には，必要に応じて中国語原文，または，筆者の補足を記す。

第2節　習近平の政治的パーソナリティとリーダーシップ

1．文革世代の政治志向——党と軍へのこだわり——

「報告」の中には，習近平が地方指導者時代から好んで用いてきた言語表現が，多く含まれている。一例を挙げれば，「報告」には，「腐敗は，わが党の最大の脅威である。反腐敗の道に終わりはないという強靭さと粘り強さをもって，…（中略）…幹部の公正，政府の清廉，政治の明朗を確保してこそ，歴史の周期律から抜け出し，党と国家の長期安寧を保証するこ

とができる」と記している。ここで「歴史の周期律」とは，中国歴代王朝の興亡サイクルを意味する。習は，1980年代末から1990年代初めにかけて務めた，福建省の地区党委書記時代から2000年代の浙江省委書記を経て，さらには党総書記になって以降も，反腐敗の重要性をよびかける際に，この言葉に繰り返し言及してきた（鈴木2017, 70-72）。

　このように，「報告」の起草者たちは，習の持論や政治的思考のクセを総合的に勘案して案文を作成したとみられる。いいかえれば，「報告」は，起草者一人ひとりの集合知の産物でありながら，その中核部分には，最高指導者である習の政治認識が色濃く反映されている。

　習個人の政治思想との関連を念頭におきながら，「報告」の中身を吟味すると，習近平という政治家は，基本的には，文革世代の申し子であることを実感する。習の政治論における文化大革命の影響は，筆者のいう「4つの重視」に顕著である。すなわち，①政治活動全般における思想工作の重視，②（文革初期の混乱を反面教師とする）党の強力な統制力と法秩序の重視[3]，③指導者個人，および，支配体制の権力の源泉としての軍の統制の重視，④人民への奉仕と質朴，規律厳守と反腐敗を旨とする党活動の重視である。

　①について，「報告」は，「イデオロギー活動の指導権を確実に掌握する」ことを厳命している。指導部が，政権発足以来，イデオロギー的引締めの法令を次々に成立させてきたのはよく知られている（一例として，2016年11月施行「インターネット安全法」）。だが，「報告」中，次のような記述を目にすると，学術への介入を含む，言論弾圧と思想教化の試みは，これまで以上に厳しくなることが懸念される。

　　社会主義の核心的価値観を，社会発展の各方面に溶け込むようにし，それを人々の感情，アイデンティティ，行動，習慣へと転化させる。すべての人民の行動と幹部の率先を堅持し，家庭まで，子供まで徹底

---

[3] 習近平は，地方指導者時代から，文革の一大反省点として，法に基づく秩序維持と，民主主義の段階的推進の重要性を強調していた（鈴木2017, 66-68）。

させる。…（中略）…社会主義の文化と芸術を繁栄，発展させるため，…（中略）…現実を題材にした創作に力を入れ，党，祖国，人民，英雄を称える名作を，次々と生み出すようにする。

　一読して明らかなように，こうしたイデオロギー工作の指示と書きぶりは，総じて古臭く，時代錯誤の印象も受ける。前節でみたとおり，「報告」では，「党，政，軍，民，学の各方面，東西南北中の全国各地で，党がすべてを指導する」との一文も追加された。文革期の政治スローガンにも似たこれらの文章とも合わせ，そこに文革のニオイを感じることは必ずしも不当ではない。習近平の政治思想が，部分的に毛沢東主義の色彩を帯びていることは否定できないであろう。

　また上記③と④に関して，「報告」には，党と軍に対する習近平の強い思い入れがはっきりとみてとれる。文中，個別分野の重点施策を説明した箇所のうち，「報告」全体のキーワードである「新時代」の言葉が使われている，または多用されているのは，軍改革と党改革の2つだけである。これは，「軍と党は自分のもの，軍と党の改革は自分の専権事項」という習近平の意志の表れにほかならない。

　とくに，習の個人的後押しのもと（「規約」には，「習近平強軍思想」の文言も新たに挿入された），軍改革を進めた中国は，軍備増強に一段と邁進するであろう。軍事力強化について，「報告」は，図1-1の長期戦略と歩調を合わせる形でタイムスケジュールを明記しているが[4]，これは政治・経済・民生など，他の政策領域にはみられない書きぶりである。

2．個人集権と継承レースの流動化

　以上のように，習近平の権力と権威に着目すれば，19回党大会では，最高指導者としてのイデオロギー的権威の向上，および，党総書記と中央

---

[4] 該当箇所は，次のとおり。「国家の現代化のプロセスと歩調を合わせ，……2035年までに，国防と軍隊の現代化を基本的に実現し，今世紀中葉までに，人民軍隊を世界一流の軍隊に全面的に築き上げるよう尽力する」。

軍事委員会主席の両ポストの制度的権力の強化が達成されたといえる。

習はまた，中央政治局の人事と後継者指名においても，自らの指導力の維持に成功した。まず人事では，反腐敗キャンペーンで辣腕を振るった盟友の王岐山に関し，大会前には，幹部の定年原則（70歳定年を基礎とし，党大会開催時に67歳であれば，再任や昇任が可能。68歳の場合は引退）を変更して，王を常務委員に留任させるとの観測もあったが，結局，それは実現しなかった。代わりに習近平は，常務委員を含む計25名の中央政治局委員に，自派のメンバーを多数登用した。現在，習近平派は，政治局内で最大派閥を形成している。

つぎに，第2期習近平政権の常務委員会では，習近平の後を継ぐ総書記候補が明確にされなかった。次代のリーダー育成のため，2012年の党総書記と国務院総理の就任に先立って2007年に常務委員となった習近平と李克強の先例に倣い，胡春華や陳敏爾ら，1960年代生まれの人物が常務委員会入りするかと思われたが，該当者はひとりもいなかった。

この結果，「総書記は1期5年，2期10年で引退」という江沢民・胡錦濤両政権期に慣例化された継承パターンが変更される可能性が出てきた。「習近平後」の予測可能性が低下し，20回党大会の開催が予定される2022年，21回党大会の2027年など，いくつかのタイミングで，ポスト習近平の継承レースが混迷，激化する恐れは否定できない。ただし，すぐ後で検討するように，後継指名がなかったことは，現時点で習近平は，2022年以降も最高指導者で居続けたい――実現するか否かは別にして――との意志をもっていると思われる。

これらの状況をふまえつつ，19回党大会を挟んだ前後の時期における習近平の権力の強度について，差し当たり，次の2点を改めて確認しておきたい。

第1に，次節で紹介するように，今期の政治局常務委員は，みな過去5年来，習近平と政権運営をともにしてきた同僚や部下たちである。常務委員としてのキャリアだけでなく，年上の友人で腹心の部下1名（栗戦書）を除けば，習近平より年長の者はおらず，習にとっては，リーダーシップを発揮しやすい布陣となっている。形式的にも実態的にも，常務委員の中

で派閥政治が機能する政治的余地は少ない。

　しかし第2に，王岐山の例に示されるとおり，幹部人事における定年規定は現在も強力に作用しており，習近平といえども，この規範的拘束力を覆すのは容易ではない。習自身についても，大会前に一部メディアが報じた，党中央委員会主席制（以下，党主席）の復活はなされなかった。現時点で習は，毛沢東のような制度を超えた独裁的権力を獲得しているとはいえない。

3．機能的大統領制をめざした権力集中

（1）党主席制か，「党総書記責任制」か

　上述のように，習近平は，20回党大会以後も，最高指導者の地位にとどまることを希望しているとみられる。その場合，習が2期目の総書記任期中になし得る選択としては，毛沢東がかつて就いていた党主席のポストを設置するか，または，筆者がいうところの「党総書記責任制」の採用が考えられる。

　党主席制は，毛沢東の専断と個人崇拝の反省に鑑み，1982年9月の12回党大会で，党規約の改正により廃止された。名目的にも実態的にも総書記に上位するが，規約の改正で取り消された以上，復活には，原則として再度の修正手続きが必要であり，政治的にはハードルが高い。習が党主席のポストを復活させ，自身が就任するとすれば，次回党大会での党規約の変更後，すなわち，2022年以降の可能性が高い。

　これに対し，党総書記責任制とは，総書記を，米国，ロシア，中華民国（台湾）などの大統領（台湾は総統）と同様の政治的機能をもつ職位とし，機能的大統領制（functional presidency system）の確立を目的とする。閣僚人事を含む国政の重要案件について，他の政治局常務委員や政治局委員の意向にかかわらず，総書記が単独で意思決定を行い，個人として責任を負うことを制度的に保証するものである。実質的には，すぐ後でみる「国務院総理責任制」や「党・国家中央軍事委員会主席責任制」の，党中央政治局版と考えられる。手続き的には，党規約の改正による公開化が望ましい

が，非公開である政治局の議事運営規則の改定，または，それに関する秘密決議で対応できる。

「党総書記責任制」の言葉は，元々，中国憲法に定められている国務院総理責任制や国家中央軍事委員会主席責任制に倣ったもので，筆者の完全な造語ではない。憲法によれば，国務院の意思決定では，総理責任制（第86条）と呼ばれる仕組みがとられている。これは，総理が，国務院のすべての活動に単独で責任を負い，個人で完全な決定権をもつことを指す。副総理・国務委員・各部長の人事が，すべて総理の指名に基づくなど，国務院の人事と業務に対する総理の裁量権は大きい。

同様に国家中央軍事委員会も，主席責任制を実行している（憲法第93条）。副主席と委員の人選は，主席の指名により全人代が決定するため，軍委の人事に対する主席の発言権は大きい。なお，前節で述べたとおり，19回党大会の党規約の改正では，国家のそれに合わせる形で，党中央軍事委員会でも，軍委主席責任制が明記された。これは，党総書記責任制への制度的布石とみることもできる。

ともあれ，総理責任制や軍委主席責任制は，集団指導体制に基づく，党中央政治局と同常務委員会の意思決定のあり方（たとえば，常務委員会議では，総書記が議題の選定をはじめ，議事運営を主宰する一方，人事を含む重要議案の決定には，1人1票による表決制を採用しているとされる）とは，制度上大きく異なっている。習近平の心情を推しはかるならば，中央政府の国務院と自らが主席を務める中央軍事委員会では，所管事項のすべてを各長が独占できるのに，肝心の党中央では，トップであるはずの総書記が，国政の重要決定をサブリーダーとの合議と表決に委ねていることに，強い違和感を抱いても不思議ではない。

（2）現代政治の「大統領制化」の趨勢

トップリーダーへの権力集中は，その支持者のあいだでは，中国が国内外で直面する多くの難問を解決するのに必要な措置と考えられている。たとえば，国力の伸長にともなう国益の多様化，危機管理の複雑化に対応するため，外交・安全保障の一元的・機動的な意思決定メカニズムの構築は，

1990年代以来,一貫して重要な課題であり続けている(松田2009)。

見逃せないのは,指導者集権は,現代政治の潮流にも後押しされているという事実である。すなわち,今日では,欧米の多くの民主主義国でも,議院内閣制・大統領制・半大統領制の違いを超えて,「事実上の大統領制化」が進展し,「執政府内におけるさまざまな権限が(首相か大統領かにかかわらず)政府首脳ひとりに集中し,それに付随して自身の所属する政党から高い自律性を得るようになってきている」(ウェブ ポグントケ 2014, 481)。執政府と政党の双方で,リーダーが,個人として強力な権限と高い政治的自律性をもつようになるのは,おもに,以下の理由による(ウェブ ポグントケ 2014, 495-498)。

①国家の肥大化と複雑化
　国家が担うべき責任と役割が増え,業務の複雑化と細分化が進む一方,これに対しては,内閣の集団責任制の部分的弱体化をともないながらも,総合的・戦略的な観点からの政策調整を可能とする政権中枢への集権化の要請が高まっている。
②伝統的な社会的亀裂政治の衰退
　宗教や階級などの伝統的な社会亀裂(social cleavage)に由来する集団帰属政治や,それに基づく投票行動が衰退した。選挙では政治手腕や誠実さなど,指導者の個人的資質を評価する傾向が強まり,この結果,執政府と政党の内部で,リーダーシップの重要性が増している。
③マスコミュニケーションの構造の変化
　上記2点との相互作用として,「政策よりも個人に着目しがちな性分を持つメディアというものが強化し,かつ変化してきた」。
④政治的決定過程の国際化
　すなわち,政治の国際化が著しく進展している。

制度的民主主義が発展途上の中国と,欧米の民主主義国を同一視することはできないが,①,③,④はもちろん,②に関しても,改革開放と市場経済化の深化にともない,社会的流動性の高まりや共同体意識の希薄化,

個人中心の価値観の定着は,中国社会にも共通している（図1-2）。

　こうした議論をふまえると,習近平の権力強化の動きは,習の人格や政治スタイルといった「偶発的大統領制化」の側面だけでなく,先に挙げた諸要因に由来する「より長期的で根本的な変化」としての「構造的大統領制化」の性質も併せもつことに,留意しなければならない（ウェブ　ポグントケ 2014, 483）。いいかえれば,習近平の「独裁化」傾向を,レーニン主義的支配の歴史的慣性だけでとらえるのは不十分であり,ましてや,晩年の毛沢東のようなカリスマ的個人独裁への政治的退行と理解すべきではない。もっとも,統治機構の内部における指導者集権が,一定の目的合理性を備えているとしても,そのことが,共産党の強権支配,とくに,指導者崇拝の社会的強制を正当化しないことは,多言を要しない。

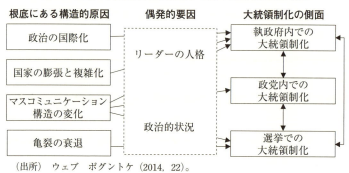

図 1-2　政治の大統領制化を説明する際の主要な因果の流れ

（出所）　ウェブ　ポグントケ (2014, 22)。

4. 長期政権の可能性と権力継承の困難

　ただし,これもウェブらの言葉を借りれば,「大統領制化が意味するのは,長続きするリーダーシップではなく,強力なリーダーシップ」にすぎない（ウェブ ポグントケ 2014, 501；傍点,引用者）。それゆえ,2022年に開催が予定される次期党大会の後も,習近平がトップリーダーとして君臨

し続けるには，長続きのための政治的工夫，なかでも，指導的ポストをめぐる任期制限と定年制の2つのハードルを越えなければならない。

（1）国家主席の3選禁止撤廃の意味

任期制限に関し，習近平はすでに大胆な策を講じた。すなわち，2018年3月の全人代での憲法改正により，国家主席（1期5年）の2期10年までの連任制限が廃止された[5]。

ただしその意義について，過大な評価は禁物である。そもそも国家主席は，中国の政治では，他にもいくつかある重要ポストのひとつにすぎない。共産党の指導者にとって，最も重要な職位は，暴力装置を統括する中央軍事委員会主席であり，以下，党総書記，国家主席と続く。しかも，3選が禁止されていた国家主席と異なり，他の2者は，元々そうした規定はない。すなわち，より上位の党と軍の最高職について，原理的には，習は以前から，生涯それらを保持できる可能性があった。国家主席だけが，むしろ例外的に任期制限を設けていた。このことは，「党」と「軍」に対する「国家」の存在感の軽さを，端的に象徴している。

したがって，国家主席の連任制限撤廃は，政治制度の大きな変更ではあるが，しかしそれをもって，習近平のトップリーダーとしての性格が根本的に変質した（たとえば，終身の独裁者，または，王朝時代の皇帝のような地位を獲得した）とみるのは，誇張にすぎない。3期目の2023年以降も国家主席続投の可能性が開かれたということだけであり，現時点でそれが確約されたわけでもない。

にもかかわらず，憲法を改正してまで今回の措置を行った理由として，習近平の権力とリーダーシップとの関係では，次の2点が指摘できる。

第1は，指導者としての地位や権限の強化という公的・制度的意義よりも，長期政権への自らの意欲を，外部に改めて表明するという象徴的意味

---

(5) 一部メディアでは，国家主席の「任期制が廃止された」との報道がみられるが，これは正確ではない。改正憲法でも，任期それ自体は，従来と変わらない（1期5年）。なくなったのは，3選禁止の規定である。任期制それ自体がなくなり，習近平が，すでに終身の国家主席になったかのような印象は，全くの誤解である。

合いである。無論その根底には，政治家として当然の願いである，権力への渇望，個人的野心がある。

　第2に，より重要な目的は，権力のレームダック化の防止である。既述のとおり，19回党大会では，習近平の後継候補が明確化されなかった。加えて，今次の憲法修正により，中国政界の実際の関係者はもちろん，外部の観察者も，習近平の長期政権への意志を「確信」した——その真偽は検証不能である——結果，政権の終期が見通せない党と政府の幹部たちから，習は今後も，政治的求心力を容易に調達することができる。

（2）定年制と部分的民主化の逆説？

　定年制については，既述のとおり，習近平の盟友の王岐山も，これに基づいて常務委員を引退した（習は，王の留任を望んでいたとされる）。また，次節でみるように，習近平は，年齢制限を巧みに利用して，今期の政治局内で，自らへの政治的忠誠を高めるための人事配置を行った。こうした制度的拘束は習自身にとっても諸刃の剣であり，2022年6月に69歳の誕生日を迎える習を定年制の枠外におく積極的理由は，見出しにくい。

　この点，再び図1-2に目を転じると，図中の「選挙での大統領制化」，すなわち，選挙過程での指導者個人の焦点化が示唆するように，習近平が最高指導者のポストに留任を望む場合には，当該職位への就任をめぐり，選挙が実施されることも考えられる。現職の総書記に選挙で勝つのは難しいとの一般的前提のもと，定年制を見直すに足る手続き的正当性を得るための，幹部限定の投票による権力継承の制度化のシナリオである。ここには，個人の権力に対する野心が，制度的民主主義の部分的実現をもたらすという逆説が認められる。

　ただし，政治の経験則としていえるのは，強すぎるリーダーは，自らのライバルになるのを恐れてひ弱なサブリーダーを重用する一方，継承の制度的道筋を十分に整えないままに，時間を浪費する傾向がある。中国の指導者たちは，旧ソ連のゴルバチョフを亡国の指導者として非難するが，その前史には，「大いなる停滞の時代」といわれたブレジネフの長期政権があった。75歳で同人が没した後，アンドロポフやチェルネンコによる，

文字どおりの短命政権が続いたが，国勢の衰退はいかんともし難く，遂にはゴルバチョフが登場して，一発逆転のショック療法的改革を試み，ソ連解体の憂き目をみたのである。

習近平が，「第2のゴルバチョフ」になるのを避けようとするあまり，「第2のブレジネフ」にならないとは限らない。実際のところ習近平は，指導者として，偶然にも多くの要素を備えていたがゆえに，今日の地位を築くことに成功した。「紅二代」の血統の良さとコネクションに加え，自身も軍歴を有し，軍内での評判も良好であった。原籍地の陝西省を中心とする内陸部のほかにも，沿海部での長期の地方勤務を通じて，統治の人脈と経験を蓄積してきた。これらの複合的要素の集積が，習近平その人である。だが，統治の制度化・専門化・国際化が進んでいる今日，そうした人物の再来の可能性は高くない。「紅三代」や「紅四代」の僥倖が期待できないとすれば，「習近平後」の権力継承の制度化が本格的に議論される日もそう遠い将来ではないと思われる。

第3節　中央政治局の人事と派閥

1．指導部人事をめぐる総合評価

(1) 人事と派閥分布の特徴

図1-3には，第19期中央政治局委員の顔ぶれと人的ネットワークをまとめた[6]。この表を参照しつつ，次項以下でのおもな論点を先取りしていえば，今期の中央政治局人事には，次の5つの特徴が指摘できる。

第1に，習近平は，常務委員とそれ以外の中央政治局委員の各グループで，自らに近い立場の人々を数多く登用し，多数派を形成することに成功した。中央政治局全体では，大別して「習近平派」「共青団派」「実務官僚

---

[6] 図1-3の作成と本節の記述に当たっては，文中で挙げた参考文献の他に，関連する複数の研究を総合的に参照した。注(1)のヒアリングの成果もふまえている。

派」の3つの派閥があるが，習近平派は他を数で圧倒している。

　第2に，習近平は，幹部の定年原則（70歳定年を基礎とし，党大会開催時に67歳であれば，再任や昇任が可能。68歳の場合は引退）を巧みに利用して，他の中央政治局メンバーの忠誠心と政治的求心力を維持しようとしている。たとえば，実務官僚派と習近平派の友人・同窓生人脈の者は，習と同年齢または年長者が多い。対して，共青団派とそれ以外の習近平派の多くは，何らかの理由で習の不興を買った場合には，2022年の次期党大会での引退を意識せざるを得ない微妙な年齢，すなわち，61歳や62歳の者が多い。

図1-3　第19期中央政治局委員の派閥と政治的相関図

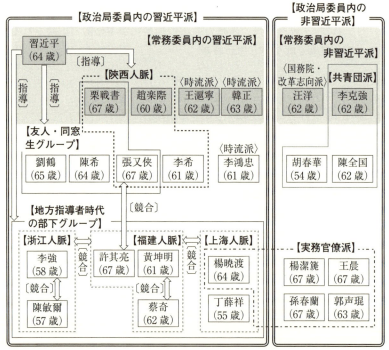

（出所）関係資料に基づき，筆者作成。年齢は，2017年12月時点。

これに関連して第3に，実務官僚派はみな63歳以上で，今期限りで引退の見込みである。政策通として知られる彼らは，担当分野に精通した高い専門性と堅実な行政手腕を見込まれて，中央政治局入りした。地方の党委書記や行政首長など，地方統治のポストではなく，全員が党と国家の中央機関で実務部門の責任者を務めている。

第4に，非習近平派の中央政治局委員たちも，過去の活動歴をみると，幹部の業務スタイル（中国語で「作風」）の是正や軍の海洋進出などについて，以前から問題意識をもち，担当部署で一定の取組みを行ってきた者が多い。これらは，政治家としての資質や政策志向の面で，習近平の政治的嗜好に適っている。

第5に，習近平が地方指導者時代に見出した部下が，中央政治局委員に多数抜擢された。地方時代の子分たちは，習の任地ごとに，上海・浙江・福建の3つの人脈に分けられる。習は，この3派の勢力均衡を保ちつつ，グループ間，および各集団内でのサブリーダー同士の競合関係を意識させ，それらの間で競争原理を働かせるように努めている。

以上を総合すると，よく練られた人事配置であり，習近平の人事の妙が指摘できる。

（2）人事をめぐる習近平の政治的パーソナリティ

以上のように，今期の中央政治局では，習近平の個人的指導力を核として，習近平派が政治的優勢を確保し，「習近平チーム」の様相を呈している。

こうした状況を表現するのに，日本のマスメディアは，「習近平一強」の言葉を多用している。そこには，「安倍一強」とも称される，日本政界における安倍晋三首相の政治的立ち位置との類似性が示唆されている（牧原2016）。周知のとおり，1990年代以降，日本では，小選挙区制の導入を柱とする選挙制度改革をはじめ，政治主導をめざした一連の政治・行政改革が進められた。この結果，政権与党である自民党の内部では，自派から首相や大臣を輩出すべく，派閥同士が熾烈な政争を繰り広げたかつての様子は，もはや見られない。今日，党内派閥の存在感は，著しく低下してい

る。

　同様に，第2期習近平政権の人事をみると，政治エリート同士の人間関係の親疎は無論あるものの，それが政治的に有意な存在であるかは，微妙である。「習近平チーム」の権力構造は，共産党の伝統的な派閥政治のあり方と，それに基づく分析アプローチに大きな疑問を投げかけている。率直にいえば，派閥力学に基づくエリート政治の分析は，今日その意義を減じつつあるのではないか。

　習近平と安倍晋三は，人事をめぐる政治的パーソナリティの面でも，共通点が多い。たとえば，両人に近しい人々への取材経験をもつ報道関係者の話を総合すると，習と安倍はともに「義理人情の人」との評判が高い。このことは，今期の中央政治局人事にもみてとれる。義理人情を重んじる習近平は，かつて学生や地方指導者であった時期に，自分が世話になった先輩や友人，忠節を尽くしてくれたかつての部下を多く引き上げ，第1期安倍政権（2006～2007年）と同じく，一種の「お友達内閣」をつくることに尽力した。この点，繰り返し述べてきたように，前中央規律検査委員会書記の王岐山は，定年により，中央政治局常務委員を退いた。だが，個人的付き合いも長く，第1期習近平政権を屋台骨として支えた王に対し，習は，2018年3月の全人代で，国家副主席に任命し，さらなる重用の意思を示した。

2．中央政治局常務委員の顔ぶれ

　中国政治の最高指導部である常務委員は計7名で，チャイナセブンとも呼ばれる。今期常務委員のうち，習近平本人を含め，「習近平派」または習に忠誠を尽くすとみられる人物は，習近平，栗戦書，王滬寧，趙楽際，韓正の5名である。

　習近平といくらか政治的に距離のある残りの2名，李克強と汪洋も，年齢的には2022年以降の再任の可能性がある。したがって，習の2期目の政権運営に対し，非協力の態度はとりにくいだろう。常務委員の中で，習近平は，自らの指導力を発揮しやすい環境を整えることに成功した。彼ら

の経歴と政治的立場，政治家・党官僚としての評価は，以下のとおりである（表1-4）。

表1-4　第19期中央政治局常務委員

氏名	党内序列	年齢	おもな役職（党，国家，軍）
習近平	1位	64歳	党総書記，国家主席，中央軍事委員会主席
李克強	2位	62歳	国務院総理
栗戦書	3位	67歳	全国人民代表大会常務委員会委員長
汪洋	4位	62歳	全国政治協商会議主席
王滬寧	5位	62歳	中央書記処書記，中央政策研究室主任，中央全面深化改革領導小組弁公室主任
趙楽際	6位	60歳	中央規律検査委員会書記
韓正	7位	63歳	国務院副総理

（出所）　関係資料に基づき，筆者作成。年齢は，2017年12月時点。

（1）習近平

リーダーシップや政治認識の特徴は，本章の関連部分を参照。

（2）李克強

李克強は，中国最難関の北京大学を優秀な成績で卒業後，1980年代から1990年代にかけて，共産主義青年団中央に所属し，その主要ポストを歴任した。団中央書記を務めた経験をもつ胡錦濤の直系の人物であり，いわゆる「共青団派」の代表的人物である。

李克強に対しては，欧米の文化や価値観への理解，国際感覚が優れているとの評価がある。反面，「聡明だが面白味に欠け，他人に深い印象を残

さない」といった，政治家としての資質を疑問視する声も一部にある（程恭義・夏飛2012, 64）。実現可能性は少ないが，同い年の汪洋とともに，年齢だけでいえば，常務委員にもう1期5年，留任の可能性がある。

（3）栗戦書

　常務委員の中で一番年長の栗戦書は，文革時代に青少年期を過ごした世代の典型として，若い頃に十分な学校教育を受けられなかった。それゆえ，改革開放以降，幹部昇任における学歴要件を充たすことにかなり苦慮した様子がうかがえる。他の常務委員と比べても，2000年代まで昇進のペースが遅かった印象は否めない。叩き上げの苦労人といえる。

　だが，習近平が総書記に就任すると栗戦書の官僚人生も一変した。日本の内閣官房長官に当たる中央弁公庁主任に抜擢され，政権の大番頭として習を支え，遂には中央政治局常務委員，全人代常務委員長にまで上り詰めた。その背景には，1980年代に河北省の隣接する県の党委書記であったとき以来の習との長年の交遊が指摘できる。栗はまた，陝西省の高級幹部として5年間勤務し，趙楽際や張又侠らと同じく，陝西人脈の一員でもある（図1-3）。

（4）汪洋

　汪洋は，李克強とともに，従来から共青団派の有力メンバーといわれ，胡錦濤と同郷の安徽省出身でもある。ただし団中央での活動経験はなく，李に比べれば，共青団派としての政治的アイデンティティは少ないと思われる。

　1990年代以来，汪の経済改革の手腕は，鄧小平や朱鎔基，温家宝など，時々の改革派指導者に高く評価されてきた。1990年代末から2000年代半ばには，国務院の高級幹部となり，重慶市と広東省の党委書記を経て，習政権の発足以降は国務院に戻り，2018年3月以降は全国政協主席となった。習近平派か共青団派かというよりも，おそらくは，改革志向の官僚グループを代表している。年齢とキャリア，庶民の出身という大衆受けする社会的出自を考慮すると，常務委員の中では趙楽際とともに，ポスト習近平の

有力候補といってよい。

(5) 王滬寧

　王滬寧は，政治学で教鞭を執ったこともある学者官僚である。1990年代半ば以降，党中央政策研究室に籍を置き，江沢民・胡錦濤・習近平の各指導者に，政策顧問として仕えた。地方統治の実務経験がなく，そうした人物が常務委員になったのは，異例中の異例である。

　王滬寧の学問と現実政治との関係については，1980年代後半に，王が，ストロングマンの強力な指導力による改革断行を主張した「新権威主義」の主唱者であった点が注目される（寇健文・蔡文軒 2012, 141）。それから約30年の時を経た今日，新権威主義の考えが，習近平の集権化の動きに符合すること，また王自身も，中央全面深化改革領導小組弁公室主任として，国政レベルで改革を統括する立場にあることはきわめて興味深い。

(6) 趙楽際

　趙楽際は，原籍地が習近平と同じ陝西省で，2008～2012年には同省の党委書記も務めた。習近平派の一翼を担う陝西人脈に属する。一説には，趙の父親がかつて，西北野戦軍（習近平や張又侠の父親が軍幹部であった）の従軍記者であったとされ（寇健文・蔡文軒 2012, 236），このことも，習とのつながりを深めるきっかけになったのかもしれない。

　第1期習近平政権では中央組織部長の要職に就き，習の意向を汲みつつ，規律違反の咎による粛清人事と習近平派の積極的な昇任人事を行った。今日では，王岐山の後任として，中央規律検査委員会書記に任命されるまでに習近平の信頼が厚い。現職の常務委員の中では最年少の60歳（2017年12月時点）で，次期再任の見込みも高い。

(7) 韓正

　韓正と王滬寧は，経歴や歴代トップリーダーとの関係性がよく似ている。両人は教師や学生の立場で上海の復旦大学と縁があり，経歴上は「江沢民派」に近いことは明らかだが，現在では，習近平と良好な関係を維持して

いる。2007年,習近平が上海市党委書記に着任すると,韓は習をよく補佐し,その信頼を勝ち得たとされる。理論と政策立案の王滬寧に対し,韓正は,経済分野を中心に,きわめて高い実務能力を武器に,過去3代の総書記に重用されてきた稀有の人物である。

3．中央政治局委員（常務委員を除く）の派閥構成

(1)「習近平派」,「共青団派」,「実務官僚派」の勢力分布

　常務委員の7名を除く,中央政治局委員18名のうち,習近平派は少なくとも11名（丁薛祥,劉鶴,許其亮,李希,李強,楊暁渡,張又俠,陳希,陳敏爾,黄坤明,蔡奇）を数える。他に,李鴻忠（61歳,天津市党委書記）は,年齢と現職からみて,次期の留任または常務委員昇格のチャンスがあるため,今後5年間,習への忠勤に励むだろう。事実,李鴻忠は,2016年の天津赴任直後から,習近平の「核心」呼称をいち早く支持し,習への恭順の意を示した。したがって上記18名のうち,3分の2に当たる12名は,習近平の積極的な支持者である。

　対して共青団派は,陳全国と胡春華の2名である。陳全国は,李克強が河南省党委書記を務めていたときの部下で,同い年でもあり,両者の関係は親密とされる。胡春華は,1980年代から1990年代にチベットで勤務し,同じ頃,同自治区の党委書記であった胡錦濤に見出され,2000年代に団中央書記に抜擢された。ただし,陳も胡も,年齢的には次期の再任・昇任の可能性があり,習近平の指導のもと,与えられた業務に注力するだろう。とくに胡春華は,中央政治局委員の中で4名しかいない1960年代生まれであり,次期常務委員会入りが有力視される。習近平の不興を招く政治上の失点は,極力回避しなければならない。

　また,中央政治局委員5名（王晨,孫春蘭,楊潔篪,楊暁渡,郭声琨）は,「実務官僚派」と呼ぶべき人々である。年齢制限により,いずれも2022年までに退任の見込みである。慣例どおりのキャリアパスも含め,彼らは担当分野のスペシャリスト（王晨から順に,人代・宣伝,統一戦線,外交,規律検査,治安・司法）の実績を認められ,政治局入りしたものと思われる。

全員が地方統治の職位ではなく，中央党政機関の業務部門の責任者である点がこれを示唆する。

このうち，楊潔篪は，外相経験者としては，銭其琛以来となる政治局入りとなった。習近平指導部の外交重視，とくに，対米関係重視の表れと推察される。また楊暁渡は，習近平が上海市党委書記であったとき，市党委員会の統戦部長であった。後掲の丁薛祥とともに，習の地方指導者時代の部下たちの中でも，上海人脈に属する。

（2）習近平派Ⅰ：陝西人脈

常務委員を除く政治局委員のうち，習近平派の人々は，①習の原籍地である陝西省に縁のある者，②古くからの友人や同窓生，③地方指導者時代の部下たちからなる。③はさらに，習の赴任先に応じて，上海・浙江・福建の各人脈に分けられる。もとより，これらのグルーピングは便宜的なもので，相互に排他的ではない。たとえば，栗戦書と張又侠は①と②の両方の属性をもつ。楊暁渡は，実務官僚派でありながら，上海人脈に含まれる。

まず，陝西人脈では，李希と張又侠の名前が挙げられる。李希は，陝西省党委書記を務めていたときの趙楽際の部下であった。年齢的有資格者である李希は，5年後の再任・昇任をめざし，習近平のリーダーシップのもと，実績づくりに邁進するだろう。なお，年齢制限に抵触しない点では，②の人々と③の許其亮を除けば，残りの全員についていえる。当然ながら，習に対する彼らの忠誠心と政治求心力は高い。

張又侠は，習近平と同じく，原籍地は陝西省だが，北京市出身である。習とは中学以来の友人で，父親同士も戦友であり，親子二代にわたって親密な関係を維持している。1979年の中越戦争と1984年の中越国境紛争では，顕著な軍功を収めた。かつて，当時の海軍司令官に，南シナ海で外国軍艦を攻撃するための陸戦隊の創設を提案し，当該部隊の初代司令官として自薦書を提出したとのエピソードもある（寇健文・蔡文軒 2012, 448-450）。

表 1-5　第 19 期中央政治局委員（常務委員を除く）

氏名	年齢	おもな役職（党，国家，軍）
丁薛祥	55 歳	中央書記処書記，中央弁公庁主任兼国家主席弁公室主任
王晨	67 歳	全人代常務委員会副委員長
劉鶴	65 歳	国務院副総理，中央財経領導小組弁公室主任
許其亮	67 歳	中央軍事委員会副主席，空軍上将
孫春蘭	67 歳	国務院副総理
李希	61 歳	広東省党委員会書記
李強	58 歳	上海市党委員会書記
李鴻忠	61 歳	天津市党委員会書記
楊潔篪	67 歳	中央外事工作委員会弁公室主任
楊暁渡	64 歳	中央書記処書記，中央規律検査委員会副書記，国家監察委員会主任
張又俠	67 歳	中央軍事委員会副主席，上将
陳希	64 歳	中央書記処書記，中央組織部部長，中央党校校長
陳全国	62 歳	新疆ウイグル自治区党委員会書記，新疆生産建設兵団第 1 政治委員
陳敏爾	57 歳	重慶市党委員会書記
胡春華	54 歳	国務院副総理
郭声琨	63 歳	中央書記処書記，国務委員，中央政法委員会書記
黄坤明	61 歳	中央書記処書記，中央宣伝部部長
蔡奇	62 歳	北京市党委員会書記

（出所）関係資料に基づき，筆者作成。年齢は，2017 年 12 月時点。

（3）習近平派Ⅱ：友人・同窓生グループ

　習近平の経済顧問役として知られる劉鶴は，習と同じ中学の出身で，年齢も近い。中央財経領導小組弁公室には2003年から副主任として勤務していたが，習が総書記になって以降，主任に昇格した。劉は，国務院でマクロ経済政策に長年関与してきた。同じく国務院で経済の舵取りに責任を負う李克強との間で，エコノミストとしての認識や意見の相違がどの程度あるかは，今後の経済運営を考えるうえで，ひとつのポイントとなる。

　陳希が習近平と知り合ったのは，清華大学時代である。2人は学生寮のルームメイトで，後年陳は習の博士号取得にも協力したともいわれる。2013年の中央組織部への異動は，それ以前とは明らかに畑ちがいの職場であり，習の強い引きがあったことは間違いない。習近平の意向に基づいて，中央人事を差配するだろう。

（4）習近平派Ⅲ：地方指導者時代の部下グループ

　2007年に中央政治局常務委員として指導部入りするまで，習近平は，1980年代前半の河北省を皮切りに，福建・浙江両省を経て，上海市で地方指導者の任を務めた。四半世紀以上に及ぶ地方指導者時代をとおして，習近平が見出し，キャリアを引き上げてきた人々のうち，今期，中央政治局委員となったのは，既出の楊暁渡の他に，丁薛祥，李強，陳敏爾，許其亮，黄坤明，蔡奇の6名である。

①上海人脈

　丁薛祥は，2007～2012年まで，上海市党委員会の秘書長を務め，習近平に有能さを認められた。2013年以降，中央弁公庁に異動すると，国家主席である習の秘書室長（国家主席弁公室主任）となり，2017年以降は，栗戦書の後任として，中央弁公庁主任も兼ねている。文字どおり，習近平の側近中の側近である。中央政治局委員の中では，胡春華，陳敏爾，李強とともに，数少ない50歳代で，次期常務委員をねらう立場にある。

②浙江人脈

習近平の浙江省時代の部下で，その後栄達を果たした人々は，同省を流れる銭塘江の別名をとって，「之江新軍」と呼ばれる。李強と陳敏爾は，この浙江人脈の代表格である。李は，省委秘書長として習の身近に侍し，一方，陳は，省委宣伝部長を務め，習近平名義で『浙江日報』紙に連載された政論コラムの実質的な執筆者とされる（習近平2007）。

李強と陳敏爾はともに年齢が50歳代後半でまだ若く，しかも1歳しかちがわない。北京から離れた直轄市（上海，重慶）の党委書記として，職階も同等である。次期常務委員，さらに，習近平の後継者をめざすうえで，両者は明らかに競合関係にある。同じことは，中央軍委副主席で，同い年の許其亮と張又侠，すぐ後でみる黄坤明と蔡奇の各ペアについてもいえる。とくに黄と蔡は年齢も近く経歴もよく似ている。習近平は，上海・浙江・福建の各人脈の中でも，成員の忠誠心と貢献を競わせているフシがある。

③福建人脈

許其亮は，前期中央政治局からの留任組で，2012年以降，中央政治局委員と中央軍委副主席の重責を担っている。若い頃から空軍を背負って立つ人物として将来を嘱望され，空軍出身者として初めて，中央政治局入りを果たした。習近平と許其亮は，1990年代初めに両者が福建省在勤時に親交を結んだとされ，許は，福建人脈とみなされる。

また，上述の之江新軍の中でも，黄坤明と蔡奇の習近平とのつきあいはより古く，福建時代にまで遡る。したがって本文では，彼らを，許其亮と同じく福建人脈に分類する。習が総書記になると，2013年から2014年にかけて，浙江省から党中央の重要ポストに抜擢された。福建→浙江→北京へと，習とともに，異動と栄転を繰り返してきた。

既述のとおり，黄坤明と蔡奇も年齢が近い。さらに，上海・浙江人脈よりも交際歴が長く，古参の部下としての論功行賞と信用のせいか，現在ではともに習と同じ北京市内に勤務している。職歴の面でも，両人は，浙江省党委の部長職と省都の杭州市党委書記を，タスキ掛け人事のように交代で務め，中央への昇任時期とそのときの職階もほぼ同じであった。黄と蔡

は，互いの存在を強く意識しつつ，同時に福建人脈として，上海・浙江人脈に負けぬよう，習への忠誠と手柄を競い合うだろう。

　また，軍人の許其亮を除き，上海人脈（丁薛祥，楊暁渡），浙江人脈（李強，陳敏爾），福建人脈（黄坤明，蔡奇）の勢力をみると，人数は2名ずつで，形式的には等しい。習近平との政治的・物理的近さでは，中央弁公庁主任兼国家主席弁公室主任の丁薛祥が，アタマひとつリードしているが，実務官僚派である楊暁渡は，定年原則により，次期の留任・昇任の可能性はきわめて少ない。これに対し，浙江と福建の4名は，いずれもその可能性がある。それゆえ，全体的にみて，この3派のパワーは拮抗している。習近平は，上海・浙江・福建の各派間の勢力均衡，および，各集団内でのライバル関係と緊張感の維持に努めている。

　同時に，習近平は，部下グループの間では，最も後進の上海人脈の丁薛祥を秘書役として重用する一方，最古参の福建人派を手近な北京市内に配置し，福建派よりも3～5歳若い浙江派を北京以外の直轄市に派遣した。このことは，彼らに人事の公平性を感得させるべく，習が腐心していることの表れとみられる。このように習近平は，自身の権力強化はもちろん，人事をめぐる側近たちの心情にも細やかに目配りしつつ，中央政治局人事を決定したと思われる。

おわりに

　ここでは，本文中では触れられなかった，中国の国家‒社会関係の現状と将来に対する若干の所感を述べて，本章を締めくくることにしたい。

1．社会の安定志向と支配体制の監視・抑圧能力の強化

　2017年12月，19回党大会の終了からひと月半後，筆者は，北京市の地下鉄ホームで，次のような光景を目にした。社会主義国ではお馴染みの様子として，大会のキーワードを記した政治標語が市内各所に溢れていた。

ポスターや垂れ幕が多かった昔とはちがい，現代の映像技術を用いて，「新時代の中国の特色ある社会主義を前進させよう」との文字が，ホーム対面の壁に美しく輝いている。だが，列車を待つ人々は手元のスマートフォンの操作に夢中で，共産党のスローガンに気をとめる者は，誰ひとりいなかった。

こうした日常性の中の政治的無関心こそが，おそらくは，最も一般的な体制の支持基盤である。本章では，19回党大会の成果をいくつかの側面から分析してきたが，党と政府の幹部，知識人など，一部の人々を除けば，おおかたの中国人にとって，「報告」や「規約」の中身は切実な問題関心ではないというのが実情であろう。その根底には，今日，多くの中国人が，一定の経済的豊かさはもちろん，キャッシュレスエコノミーに代表される生活の利便性の向上など，身近な暮らしへの総合的・相対的な満足感を抱いていることが指摘できる。

安全性に問題のある食品や医薬品，高止まりする不動産価格，大気汚染による健康被害，老後の生活不安など，個々の不満は数多くあるものの，改革開放前の貧しさや不便な暮らし，あるいは，現行秩序の不安定化による将来の不可測性の増大に比べれば，現状肯定の心理は，世代を超えて広く共有されている。さらに，反腐敗の取組みを中心に，共産党のイメージも改善しつつある。

政治的無関心と物質生活の改善，現代社会の各種便宜の享受など，社会の側の安穏とした雰囲気とは裏腹に，当局の危機意識の高さ，リスク管理の努力は特筆に値する。現代の科学技術を駆使した対社会監視・選択的抑圧能力は，日々強化されている。街頭に立つ多数の治安要員をはじめ，生活の隅々にまで設置された監視カメラと高度な生体認証・個人特定システム，インターネット検閲，個人の情報端末からのビッグデータの収集管理など，ディストピア的テクノロジーの実現は，けして夢物語ではない。

かつてハンチントンは，20世紀後半のグローバルな民主革命，すなわち「民主化の第3の波」を検証するなかで，その反動として21世紀には，新しいタイプの権威主義体制が登場する可能性に言及していた。ハンチントンはとくに，情報やメディアの操作に長じ，洗練されたコミュニケーシ

ョン技術によって正統性を調達しようとする「テクノクラシーの『電子制御的独裁（electronic dictatorship）』」の出現を予言したが，今やそれが，中国で現実のものとなりつつある（Huntington 1993, 11；Browne 2017）。

以上のような政治社会の状況が続くかぎり，体制外の少数者による民主化や自由化の訴えにもかかわらず，第2期習近平政権と共産党の統治が不安定化することは考えにくい。

2．「党・国家」体制を超えた改革の必要性

ただし，中国政治が，ガバナンスの質と統治の基本構造にかかわる，いくつかの大きな脆弱性を抱えていることも，また事実である。

まず，純政治的な範疇の難点として，第1に，ポスト習近平——3期目か4期目か，いずれの時点の退任であるにせよ——の予測可能性の低下にともない，継承をめぐる指導部内の混乱と分裂が懸念される。これについては本文で述べたので繰り返さない。

体制内部の第2のリスクは，中層以下の幹部の業務意欲の低下と，これにともなう人材流出である。面談調査に応じてくれた幹部たちは，現行の統治システムがさまざまな問題を抱えていることを認めつつも，体制の存続それ自体について，切迫感を吐露する者は，ほとんどいなかった。

だが，近年の綱紀粛正と規律強化の措置により，業務の管理体制と個人審査が厳格化され，政治学習の時間が増えたことには，多くの者が不満の意を表明した。所属機関または機関内の規律検査部門への報告が徹底され，プライバシー面での息苦しさ，職場を覆う沈滞したムードを感じている者も多い。加えて，外国語運用能力などの専門技能や，比較的高い学歴を有するにもかかわらず，民間の大手企業に比べると給与水準が低いことへの不満も強い。物質的待遇に恵まれず，機関内で出世してもさまざまな責任を負わなければならないリスクを考えると，不作為の態度を貫くことを明言する者もいる。

つぎに，より本質的な課題に眼を向けると，少子高齢化と労働力人口の減少，格差の固定化・深刻化，国有企業改革に代表される「体制移行の

罠」の克服など，社会経済の深刻かつ長期的なリスクに対応するため，社会の創造的なエネルギーをいかに引き出すかという問題が挙げられる。

これに関して，第1期政権の発足以来，習近平は，自身への集権化を活用しつつ，ガバナンスをめぐる困難な改革に取り組んでいる。政治行政の分野で，現在までに大きな進捗があったのは，規律検査・司法制度と軍の組織再編の改革である。これらは，党と国家の官僚機構を対象とし，とくに司法と軍は，「官僚の中の官僚」といってよく，習の個人集権は，上意下達の指揮命令が最も通用するこれらの方面で，大きな効果を発揮している。

しかし，こうした官僚機構を対象とする改革に比べて，税財政，住宅，社会保障，戸籍，国有企業など，社会経済分野での改革の歩みは遅い。この点，「党」と「国家」の改革とは異なり，社会経済分野の改革，換言すれば，「社会」を相手にする改革では，利害関係を有する多くの社会集団との間で，対話を通じた合意形成がどうしても必要となる。

それゆえ，第2期習近平政権にとって，次なるステップは，改革のメスを，官僚機構内部の上級から下級への指揮命令だけに依存するのではなく，社会との対話を可能にする有効な協議メカニズムを構築し，政治経済の諸制度に対する国民の信頼と当事者意識の両方を高めるなかで，社会の側の創造的なエネルギーを結集し，改革の難題を突破することにある。

[参考文献]

<日本語文献>
ウェブ，ポール　トーマス・ポグントケ 2014.「現代民主政治の大統領制化——証拠，原因，結果——」(中井遼訳) T・ポグントケ，P・ウェブ編『民主政治はなぜ「大統領制」化するのか——現代民主主義国家の比較研究——』(岩崎正洋監訳) ミネルヴァ書房．
鈴木隆 2017.「『六・四』天安門事件前後の習近平——『擺脱貧困』に見る地区党委員会書記時代の政治論——」『問題と研究』46(2) 55-85.
——— 2018.「資料紹介　中国共産党第19回党大会『中国共産党規約』の新旧対照表」

『国際情勢　紀要』(88) 47-67.
諏訪一幸 2018.「習近平長期政権の始動——党の絶対的指導体制の確立と若干の脆弱性——」『インテリジェンスレポート』1月号.
牧原出 2016.『「安倍一強」の謎』朝日新聞出版.
松田康博 2009.「中国——中央政治局と中央軍事委員会——」松田康博編『NSC 国家安全保障会議——危機管理・安保政策統合メカニズムの比較研究——』彩流社.
山口信治 2017a.「中国共産党第19回全国代表大会の基礎的分析①」『防衛研究所ウェブサイト』2017年11月2日（http://www.nids.mod.go.jp/publication/commentary/pdf/commentary062.pdf　2018年1月12日アクセス）.
―――― 2017b.「中国共産党第19回全国代表大会の基礎的分析②」『防衛研究所ウェブサイト』2017年11月2日（http://www.nids.mod.go.jp/publication/commentary/pdf/commentary063.pdf　2018年1月12日アクセス）.
―――― 2017c.「中国共産党第19回全国代表大会の基礎的分析③」『防衛研究所ウェブサイト』2017年11月13日（http://www.nids.mod.go.jp/publication/commentary/pdf/commentary065.pdf　2018年1月12日アクセス）.
―――― 2017d.「中国共産党第19回全国代表大会の基礎的分析④」『防衛研究所ウェブサイト』2017年12月4日（http://www.nids.mod.go.jp/publication/commentary/pdf/commentary066.pdf　2018年1月12日アクセス）.

＜英語文献＞
Browne, Andrew 2017. "China Uses 'Digital Leninism' to Manage Economy and Monitor Citizens: Xi Jinping is Leading China into a Big-Data Dictatorship." *The Wall Street Journal*. October 17.
Huntington, Samuel P. 1993. "Democracy's Third Wave." In *The Global Resurgence of Democracy*, edited by Larry Diamond and Marc F. Plattner. Baltimore: The Johns Hopkins University Press.

＜中国語文献＞
程恭義・夏飛 2012.『中共十八大政治局』台北　領袖出版.
寇健文・蔡文軒 2012.『瞄準十八大——中共第五代領導精鋭——』台北　博雅書屋.
習近平 2007.『之江新語』杭州　浙江人民出版社.
―――― 2017.「決勝全面建成小康社会　奪取新時代中国特色社会主義偉大勝利——在中国共産党第19次全国代表大会上的報告——」『人民日報』10月28日.
『人民日報』2017年10月29日「中国共産党章程（中国共産党第十九次全国代表大会部分修改）」.

第 2 章

「新時代」と市場化改革の行方

大 西　康　雄

はじめに

　習近平政権は第19回中国共産党全国代表大会（2017年10月開催。以下，19回党大会）で権力基盤を確立し，2期目のスタートを切った。筆者は，習政権は，胡錦濤政権時代（2002～2012年）に停滞の様相を深めていた改革を，対外開放の分野からリードして再始動することを試みたとみなしてきた。そして，それは「中国の特色ある社会主義」の特徴でもあったが，19回党大会ではこれに「習近平の新時代の」（以下，「新時代」）という言葉が冠せられた。本章では，本研究会の中間報告の考察（大西2017）をふまえつつ，「新時代」の市場化改革に焦点を当てて分析を試みる。

　対外開放による改革推進という手法を象徴するのは，2013年秋に打ち出した自由貿易試験区と，「一帯一路」構想という2つの対外開放施策である。詳細については，以下の各節において検証していくが，総括的に述べれば，前者では，対外開放が遅れていたサービス分野を中心に外資への規制を緩和しその導入を加速すること，国際的なFTA（自由貿易協定）の新潮流に対応すること，が意図されている。後者では，沿海地域と中部・内陸地域の経済格差縮小とあわせて，本格化しつつある中国企業の対外開放に方向性を与え，中国が主導する経済圏の形成につなげることが意図されている。両者が相まって対外開放の新しいステージを切り開くことが期待されているといえる。

　習政権は，開放の動きが改革を促進する効果を有していることを意識し

つつ，政策を展開してきた。たとえば，前者においては，外資の活動範囲を拡大することを通じて，金融を含むサービス分野の国有企業の改革を促進することができる。また後者においては，内陸地域と隣接する中央アジア諸国等の物流インフラを改善するなかで，内陸地域に産業集積を形成してその自律的発展を刺激するとともに，国有企業に海外投資の経験を積ませてその国際化を促進することができる。いずれも，胡政権下で改革開放の重要課題として取り上げられながらも進展がなかった分野である。

　本章では，上記したような開放と改革の相互促進関係を意識しながら，まず，第1節において，習政権が描いた改革開放の設計図である「中共中央の改革の全面的深化に関する若干の重大問題の決定」[1]（中共中央文献研究室 2014, 511-546）（中国共産党第18期中央委員会第3回全体会議で採択。以下，「18・3決定」）のポイントを整理する。同決定は習政権期における市場化改革のスタートラインを示すものである。これを受けて第2節においては，政権発足後5年間における現実の経済運営とその中で習政権が試みた改革の動きを分析する。第3節においては，習政権にとって初の自前の5カ年計画である第13次5カ年規画について「中共中央の国民経済・社会発展第13次5カ年規画要綱」[2]（国家発展改革委員会 2016）に依拠して，2020年までの経済運営の重点について示すとともに，運営のなかで表面化した論争を紹介する。ついで，第4節では，習政権が経済の現状を総括する概念として提起した「新常態」について，発展途上国がある程度の経済成長を達成し「中所得国」となった後に共通して直面する「中所得国の罠」との対比で整理する。最後に第5節では，19回党大会の習演説や中央経済工作会議の決定，第13期全国人民代表大会（以下，13期全人代）での議論に示された今後の経済運営のスタンスを論じる。以上の行論をとおして，習政権第1期の経済と改革開放について総括的に評価するとともに，第2期政権を展望する材料を得たいと考える。

---

(1) 原題は「中共中央関于全面深化改革若干重要問題的決定」。
(2) 原題は「中共中央関于制定国民経済和社会発展第十三個規画綱要」。

第1節　18期3中全会決定のポイント

1．改革開放と「18・3決定」

　中国経済は，短期，中期，長期の性質の異なる問題群に同時に直面している。すなわち短期的（5年間程度）には，4兆元投資が残した「過剰投資」「過剰債務」と金融秩序混乱を解決し，中期的（10年間程度）には，さまざまな構造的問題を改善しつつ経済全体の効率を向上させるとともに，長期的（20年後以降）には，人口構成が大変化（人口ボーナスが終了）していくなかで，経済成長を持続していかなければならない。

　このうち，短期的問題は，デフォルトに陥らないよう債務を管理しつつ，企業や中央・地方政府の投資マインドを変えていくという対症療法が中心となる。また，長期的問題は，建国以来積み重ねられてきた人口動態が決定するもので，政策だけでは容易に動かしがたい性質のものである。当面の経済政策の舵取りを任された習政権の腕の見せ所は，中期的問題への対処である。そしてこの問題群への対処こそが，今後の改革開放の帰結を決めることになる。本節では，「18・3決定」の主要な項目について，それが経済の中期的問題にどう対応できるのかという観点から分析してみたい。

　改革全体の流れをみると，「社会主義市場経済」を標榜しつつ市場経済化が進められてきたが，「18・3決定」の最大のポイントは，資源配分における市場の役割を従来の「基礎的作用」から「決定的役割」へと格上げし，政府の役割は，「マクロ経済の安定を維持し，公共サービスの強化と最適化を図り，公平な競争を保障」することだと定義した点にある。経済制度として「公有制を主体」とするという大原則は残ったが，「混合所有経済を積極的に発展させる」と明記され，「国有資本の投資プロジェクトで，非国有資本の参加を認める」として民営企業や外資企業の規制分野への進出が許可されることになった。以下に「18・3決定」の全体構成を掲げる（表2-1）。大項目が16，小項目が60あり，経済，政治だけでなく，文化や社会管理，エコ文明建設，国防・軍隊改革，党の指導の改善などそ

のカバーする範囲は広範にわたっている。

表 2-1　18 期 3 中全会決定の概要

区分	大項目：改革分野	小項目：改革内容
総論	1. 改革全面深化の重大意義と指導思想	(1)改革開放の意義 (2)改革開放の全般的目標 (3)政府と市場の関係 (4)改革開放実践の方針
経済体制	2. 基本的経済制度の堅持，充実	(5)財産権保護制度の完備 (6)混合所有制経済の積極的発展 (7)国有企業における近代的企業制度の整備 (8)非公有制経済の発展支持
経済体制	3. 近代的市場システム整備の加速	(9)公平性，開放性，透明性のある市場ルール構築 (10)市場が価格を決定する仕組みの整備 (11)都市・農村統一の建設用地市場設立 (12)金融市場システム整備 (13)科学技術体制の改革深化
経済体制	4. 政府の機能転換加速	(14)マクロコントロール・システムの整備 (15)政府機能の全面的，正確な執行 (16)政府組織機構の最適化
経済体制	5. 財政・税制体制改革の深化	(17)予算管理制度の改善 (18)租税制度の整備 (19)職権と支出責任が対応した制度の構築
経済体制	6. 都市・農村の一体化した発展メカニズムの整備	(20)新タイプの農業経営システムの構築 (21)農民により多くの財産権付与 (22)都市・農村の生産要素の平等な交換，公共資源の均衡のとれた配分 (23)健全な都市化のメカニズムの整備
経済体制	7. 開放型経済の新体制構築	(24)外国投資の参入障壁緩和（上海自由貿易試験区設立含む） (25)自由貿易圏建設の加速 (26)内陸国境沿いの対外開放拡大
政治体制	8. 社会主義民主政治の制度づくり強化	(27)人民代表大会制度の時代に応じた前進 (28)協議民主主義の広範囲で重層的な制度化 (29)末端における民主主義の発展

政治体制	9. 法治中国の建設促進	(30)憲法と法律の権威の保護
		(31)行政・法執行体制の改革深化
		(32)裁判権,検査権の法に基づき独立した公正な執行
		(33)司法権運用メカニズムの整備
		(34)人権の司法による保障制度の充実
	10. 権力行使の制約・監督システムの強化	(35)科学的・効果的な権力の制約・調整メカニズムの構築
		(36)腐敗防止のための体制・メカニズムの刷新と制度的保障の強化
		(37)活動態度・スタイル改善を常態化する制度の整備
文化体制	11. 文化体制・メカニズムの刷新の推進	(38)文化管理体制の充実
		(39)近代的文化市場システムの整備
		(40)近代的公共文化サービスシステムの構築
		(41)文化分野の対外開放レベル向上
社会	12. 社会事業の改革・革新の推進	(42)教育分野の総合改革深化
		(43)就業・起業を促進する体制とメカニズムの整備
		(44)合理的で秩序ある所得分配構造の構築
		(45)より公平で持続可能な社会保障制度の構築
		(46)医薬品・医療衛生体制の改革深化
	13. 社会ガバナンス体制の刷新	(47)社会ガバナンスの方法改善
		(48)社会組織の活力を激発する
		(49)社会矛盾を効果的に予防,解消するための体制の刷新
		(50)公共安全システムの健全化
エコ文明	14. エコ文明制度建設の加速	(51)天然資源の財産権制度と用途規制制度の健全化
		(52)生態保護のレッドライン策定
		(53)資源の有償使用と生態補償制度の実施
		(54)生態環境の保護管理体制の改革
国防・軍事	15. 国防・軍隊改革の深化	(55)軍隊の体制編成の調整・改革の深化
		(56)軍隊の政策制度の調整・改革の推進
		(57)軍民融合の深まりの推進
党の指導	16. 党の改革の全面深化に対する指導強化と改善	(58)全党員は改革全面深化に向け思想と行動を統一,改革全面深化指導グループ設立
		(59)改革全面深化には組織的保証と人材の支えが必要
		(60)人民大衆の積極性,主動性,創造性を発揮させて一致して改革を推進

(出所)「中共中央の改革の全面的深化に関する若干の重大問題の決定」(中共中央文献研究室 2014, 511-546) より筆者作成。

ここから，冒頭に述べた中期的課題にかかわる項目を抜き出すと下記6項目に整理することができる。なお，以下における項目の整理，配列順は，筆者の判断によるもので，表2-1とは異なっている。

(1) 政府機能の転換
(2) 国有セクター改革
(3) 金融改革
(4) 財政・税制改革
(5) 都市・農村の一体的発展
(6) 対外開放の新構想

このうち(1)～(3)は，直接に市場経済化にかかわる。すなわち，政府・国有セクターの役割を縮小し，「市場が資源配分のなかで決定的役割を果たす」（「18・3決定」の表現）よう導くための措置がここに盛り込まれている。

(4)は，1994年の「分税制」改革以降進展のなかった中央と地方の財政配分を近代化し，地方の財政的基盤を強化しようとするものであり，(5)とも関連する。(5)は，「都市・農村の一体化した発展」という新しいタイプの都市化を模索する。都市・農村格差を是正し，成長の動力としようとするねらいももつ。(6)では，対外開放分野で新しい突破を実現し，そのことで改革全般を促進しようとする意図が示されている。

以下では，経済運営における市場の役割強化を図る改革として(1)～(3)を，改革開放の全プロセスを通じて相互利益が衝突するなど緊張をはらんできた中央・地方政府関係，都市・農村関係の改革として(4)，(5)の現状を整理し，項を改めて(6)の対外開放政策の新展開を論じることとする。

2．市場に決定的役割を果たさせる

（1）政府機能の転換

①中央政府の行政許認可権の廃止が進められている。2013年12月に68項目を廃止，2014年には，246の行政審査・認可事項を撤廃または下部へ委譲，29の比較評定・基準達成表彰事項と149の職業資格免許日程事項を撤廃，投資プロジェクトの審査・認可目録を再度改定し，審査・許

可範囲を大幅に縮小(3)。2015 年には，311 項目の行政審査・認可事項を取消・下方委譲し，123 の職業資格許可・認定事項を取消。工商登記の事前審査・認可を 85％簡素化(4)。2016 年には，国務院各部門の行政審査・認可事項および国務院の指定で地方が実施していた行政審査・認可事項を新たに 165 項目撤廃したほか，192 の審査・認可仲介サービス事項と 220 の職業資格許認可事項を整理・規範化した(5)。

　②国有資産管理体制の改革は，2003 年に国有資産監督管理委員会（以下，国資委）が設立されて，国有資産の「所有と管理の分離」が推進されてきたが，実際には中国共産党組織部（以下，中央組織部）が国有企業に対して広範な人事権を振るう（政府による企業の直接統制）という逆行現象が起きていた。たとえば，中央政府直轄の 196 の企業集団のうち，53 のより重要な企業以外の人事権は国資委に下ろされたはずだが，いくつかの地方では，この人事権を再び中央組織部に戻す動きがあった(6)。同報道が指摘しているように，「所有と管理の分離」が表面的なものにとどまり，人事権を通じた直接的コントロールが存在していることは問題である。「18・3 決定」は人事権の問題には触れていないが，「条件のある国有企業を国有資本の投資会社に改組することを支持する」として，国有企業への中央（政府・組織部）の直接的関与を弱体化する方向を示している。また，国有資本の投資運用分野を「国の安全保障や国民経済の命脈にかかわる重要な業種とカギとなる分野」に集中，限定するよう改めて求めている。

　③地方政府が経済成長率を競い合う原因となってきた「幹部考課でのGDP ランキング使用」偏重が是正されようとしている。たとえば，「地方の党指導グループと指導幹部の行政上の成績考課活動の改善に関する通知」（2013 年 12 月）においては，「（地方幹部への）各種の考課は，活動の全面をみること，経済・政治・文化・エコロジー文明建設・党建設の実際

---

(3) 2014 年の数字は第 12 期全国人民代表大会第 3 回会議での「政府活動報告」による。
(4) 2015 年の数字は第 12 期全国人民代表大会第 4 回会議での「政府活動報告」による。
(5) 2016 年の数字は第 12 期全国人民代表大会第 5 回会議での「政府活動報告」による。
(6) 2014 年 6 月 23 日付け新華社記事「国企改革遠未完成疑走回頭路――官有化権貴化致腐敗高発――」(http://news.xinhuanet.com/fortune/2014-06/23/c_126655843.htm) による。

の成果をみることが必要であり，域内総生産（GRP）とその成長率だけを行政上の考課・評定のおもな指標としてはならない」とし，別のセンテンスでは「GRP 成長率をもって簡単に英雄を論じることはできない。経済成長速度と幹部の評価を簡単に結びつけてはならない」と念を押している[7]。以上でみたように，権限そのものと権限を行使する官僚のマインドの両面から政府機能の転換を図ろうとしているといえよう。

（2）国有セクター改革

「18・3 決定」には国有セクターを主題とした独立の大項目はないが，国有企業が独占，寡占している分野を民間，外資に開放する必要性については繰り返し言及している。この分野の改革は胡政権期をとおして停滞ないし後退していたが，「18・3 決定」は改めて改革推進を求めているといえよう。「18・3 決定」以降の動きは次のとおりである。

第 1 は，従来，民間や外資の参入が規制されていた分野の開放である。2014 年 5 月に，80 分野（交通インフラ，通信インフラ，クリーンエネルギー，石油ガスパイプライン，石炭化学など）で民間資本の参入が認められることになった。これは，「18・3 決定」が「網運分離」すなわち電力網，鉄道網，通信網，石油ガスパイプライン網などのインフラ整備部門とその運営部門の分離を求めていたことに対応している。

第 2 は，国有企業の経営改革である。「18・3 決定」で「混合所有制」への改革が予告されていたが，2014 年 7 月には，国家開発投資公司，中糧集団有限公司，中国医薬集団総公司，中国建築材料集団公司，新興際華集団有限公司，中国節能環保集団公司で，⑴国有資本投資会社への改組，⑵混合所有制経済の発展，⑶薫事会（取締役会に相当）による高級管理人員の選任，業績考課，報酬管理，⑷規律検査チームの国有企業への常駐，の 4 項目を内容とする改革実験を行うとされた[8]。

---

[7] 2013 年 12 月 10 日付け人民網記事「関于改進地方党政領導班子和領導幹部政績考核工作的通知」(http://leaders.people.com.cn/n/2013/1210/c58278-23796965-2.html) による。
[8] 2014 年 7 月 10 日付け新華社記事「央企混合制改革名単下周或公布　中糧等為重点対象」(http://news.xinhuanet.com/fortune/2014-07/10/c_126733794.htm) による。

第3は，価格改革である。「18・3決定」では，水，石油，天然ガス，電力，交通など政府が直接に価格を決定していた領域を市場競争に委ねることが謳われていたが，その先陣を切って2014年3月に鉄道部改革で鉄道貨物運賃の，2014年5月に通信料金の自由化がそれぞれ決定された。

第4は，国有企業の収益の公共財政への納付率を上げることである。「18・3決定」では「一部の国有資本を振り替えて社会保障基金」とすること，「2020年までに納付率を30％」とすることが記されていたが，中央国有企業については，前倒しで2014年度中に納付率が25％に引き上げられた。

(3) 金融改革

金融分野は事実上，国有四大銀行（中国農業銀行，中国建設銀行，中国銀行，中国工商銀行）の寡占状態（上記4行が金融資産の8割を占有）にあり，金利（預金金利，貸付金利）も政府が規制している。こうしたがんじがらめの体制では市場経済に適応できず，資金調達，運用の両分野で自由を求める動きが強まっていた。硬直的金融体制がこうした資金の動きに応じられなかったことがシャドーバンキング隆盛の背景にある。

「18・3決定」が求める「金利の市場化」については，2013年7月にまず貸付利率が自由化（下限が撤廃）され，預金利率についても自由化が進められている。また，後者については，一般国民の資産保護の観点から，まずは，預金者保護のための預金保険制度が創設され，2015年5月1日から導入された。同保険では，外貨預金も含む預金額50万元までが保護される。これにより当時の全預金者の99.6％がカバーされると説明されている。

3．中央・地方関係，都市・農村関係の改革

(4) 財政・税制改革

この分野で「18・3決定」が求めている改革は次のとおりである。第1に，中央から地方への財政移転支出のうち，条件をつけない「一般移転支

出」(日本の地方交付税に相当)を増強し,「特別移転支出」(ひも付きの交付金)を削減すること。第2に,中央と地方の職権を明確化し,財政収入と見合ったものにすることである。たとえば,国防,外交,国家安全保障,全国統一市場にかかわる事項は中央が責任を負い,一部社会保障や複数地域にまたがる大型プロジェクトなどは中央と地方の共同責任,地域的公共サービスは地方が責任を負う,といった具合である。第3に,租税制度全体の改革である。付加価値税(中国語は増値税),営業税,消費税,不動産税,資源税などの内容を見直し,中央と地方の取り分を調整して,上記したような問題が発生しないようにすることを求めている。ただし,「18・3決定」には改革の具体的措置までは書き込まれていない。

　世界の耳目を集めたのは,地方が抱える巨額の不良債務とその処理方法である。2016年6月に財政部が定めたスキームは,①地方政府債務について,中央財政が支援しつつ短期債務を長期債務に借り換える,②さらにこれでも不足する分については新規の地方債を発行して手当てする,というものである。①の限度枠として2015年の1兆元に続いて2016年にも1兆元の枠を設定したこともあり,2016年の「借り換え+新規」の地方債発行額は3.4〜4.2兆元と見積もられた。GDP比6〜7.4%というボリュームであり,前年末の中央と地方の債務合計が30兆元(GDP比53.2%)であったことを考慮すると,債務の増加ペースが速い点に注意しておく必要があろう。

(5) 都市・農村の一体的発展

　「18・3決定」は「都市・農村の二元構造は都市・農村の一体化した発展を制約する主要な障害である」との基本的認識を示す。そして,「新しい工業・農業,都市・農村関係」の形成をめざすべきだとして,改革項目を列挙しているが,そこにはこれまでは等閑視されてきた内容が含まれている。

　「18・3決定」の農村部の改革項目としては,第1に,「新しいタイプの農業経営体系」の構築が挙げられている。ここでイメージされているのは,「家族経営,集団経営,組合経営,企業経営などがともに発展する農業経

営パターン」である。家族経営を基本とする農業に新しい技術，ノウハウを導入して生産性を上げようとの発想だが，その大前提として農民財産権の確立・強化が必要であり，これが第2の項目とされている。改革開放によっていったん戸別経営となった農家は，その後，生産性を向上させるためにさまざまな農民集団経済組織を模索してきたが，その発展を法的に保障するために，土地など「集団資産持分の占有，収益，有償脱退権や抵当，担保，相続権を付与する」としている部分は重要である。第3に挙げられているのは，都市住民と農村住民の権利のバランスをとる措置である。ひと言で表現すると「都市・農村の生産要素の平等な交換と公共資源の均衡のとれた配分」を実現するということになる。そこでは，農村からの出稼ぎ労働者（民工）と都市部労働者の同一労働・同一賃金を保障することや，農民の預金が農業・農村部で使われること，都市・農村のインフラ建設，コミュニティー建設を統一的に考えること等々，多様な配慮・措置が必要だと指摘されている。第4には，今後本格化する都市化のための体制・仕組みの整備である。まずハード面で「都市建設管理の刷新」が挙げられる。前提として別項目で挙げられている「都市・農村統一の建設用地市場」をつくり，都市建設の資金調達ルートの拡充（民間資本の都市インフラ投資承認を含む）をめざす。つぎにソフト面では，戸籍制度改革の必要性が指摘される。大都市については人口流入の管理を続けるが，中小都市については徐々に流入制限を撤廃するとともに，流入した人口への公共サービスの提供を保障することが強調されている。

「18・3決定」は，以上でみたように，単なる都市インフラ建設の拡充にとどまらないさまざまな制度改革を実施し，「新しいタイプの都市化」を進めようとよびかけている点が新しい。これらの政策理念を総合したものが2014年3月に公表された「国家新型都市化計画（2014-2020年）」[9]（中共中央文献研究室2014, 879-892）である。全31章からなり，**表2-2** に示すように，その内容は都市化にかかわる問題を広く包括している。

---

[9] 原題は「国家新型城鎮化規画（2014-2020年）」（http://www.gov.cn/zhengce/2014-03/16/content_2640075.htm）。

表 2-2　国家新型都市化計画（2014-2020 年）の主要目標

指　　　　標	2012 年実績	2020 年目標
都市化水準		
常住人口都市化率（％）	52.6	60 前後
戸籍人口都市化率（％）	35.3	45 前後
基本的公共サービス		
農民工子女の義務教育比率（％）		≧ 99
都市部失業者，農民工，都市で成長した労働者が無料基本職業技能訓練を受けられる割合（％）		≧ 95
都市常住人口*の基本年金保険カバー率（％）	66.9	≧ 90
都市常住人口の基本医療保険カバー率（％）	95	98
都市常住人口の低所得者向け住宅カバー率（％）	12.5	≧ 23
インフラ建設		
100 万人以上都市で公共交通機関利用が全交通機関利用に占める割合（％）	45 **	60
都市部公共水道普及率（％）	81.7	90
都市部汚水処理率（％）	87.3	95
都市部ゴミ無害化処理率（％）	84.8	95
都市家庭のブロードバンド化（Mbps）	4	≧ 50
都市部コミュニティー総合サービス施設カバー率（％）	72.5	100
資源環境		
住民 1 人当たり建設用地（平方メートル）		≦ 100
都市部再生可能エネルギー比率（％）	8.7	13
都市部の新建築面積中のエコ建築比率（％）	2	50
都市建設区域の緑地率（％）	35.7	38.9
地区級以上都市の国家大気標準合格比率（％）	40.9	60

（出所）　中共中央文献研究室（2014，891-892）より筆者作成。
（注）　＊は 16 歳以上，学生除く。＊＊は 2011 年。

4．対外開放を新しい段階に引き上げる

(6) 対外開放の新構想

「18・3決定」は，「7．開放型経済の新体制構築」(**表2-1**) という大項目のもとに①外国投資の参入障壁緩和，②自由貿易圏建設の加速，③内陸国境沿いの対外開放拡大という小項目を設け，対外開放の新しい構想を示している。

①外国投資の参入障壁緩和

「18・3決定」では，外資へのサービス分野開放，中国（上海）自由貿易試験区（以下，自由貿易試験区）の設立，企業・個人の対外開放拡大が謳われている。開放すべきサービス分野としては，金融，教育，文化，医療などが挙げられ，さらに具体的に，保育・養老，建築・設計，会計・監査，商業・流通，電子商取引などへの外資参入制限を撤廃するとしている。これらの分野は，WTO加盟後もなかなか開放されず，外国からの開放要請が強かっただけにその意義は大きい。

実際の参入制限撤廃は，2013年9月以降，上海を嚆矢として順次開設された自由貿易試験区で先行的に試行されている段階であるが，当初上海，天津，福建，広東の4カ所だった自由貿易試験区はさらに2015年には新規7都市（武漢，成都，重慶，西安，大連，鄭州，舟山）が認可されており，全国的実施についてもそう先のことではないだろう。

なお，政府権限の縮小が対外開放においてよりドラスティックである点も注目される。外資政策において「参入許可前の内国民待遇」（投資認可前でも内国民待遇を与える）に加えて，「ネガティブリスト」（原則として規制しないことを前提に，例外的に禁止する項目を列挙した表）という管理方式を模索するとされた。何事につけ「まず政府の許可」が必要とされる中国において，逆に「政府が関与する分野を限定して示した」方式であり，政府の権限を縮小する効果は大きいと考えられる。

②自由貿易圏建設の加速

　中国は従来からFTA（自由貿易協定）締結に熱心に取り組んできたが，「18・3決定」では，「環境保護，投資保護，政府調達，電子商取引など新しい議題の交渉を速め，全世界を対象にした高い基準の貿易圏ネットワークを形成する」と，その内容のグレードアップを強調している。こうした認識は，ASEANなどとの個別のFTA網によって貿易・投資の拡大という果実を得てきた中国が，頓挫したとはいえTPP（環太平洋経済連携協定）に代表されるようなFTAの新潮流を意識し，対外開放のグレードアップを見据えたものといえる。上記の自由貿易試験区は，この「新しい議題」のもたらす影響を実験する役割を期待されている。

　同様の文脈で，「18・3決定」中，上記した項目②の最後で「香港特別行政区，マカオ特別行政区および台湾地区に対する開放・協力を拡大する」と簡潔に触れられている点も注目される。これら地区とのFTA協定は，サービス分野の開放，投資保護，知的財産権の保護，金融協力など高度な内容を含んでおり，いわば先行的に実現された高度なFTAとして，また先進国とのFTAのプロトタイプとして上記した「高い水準の貿易圏ネットワーク」の露払い役を担っている。

③内陸国境沿いの対外開放から「一帯一路」構想へ

　従来の内陸地域振興策を代表する西部大開発では，中央政府や沿海地域からの政策的支援，金融支援などがその柱とされていたが，「18・3決定」ではこれに対外開放をリンクさせる意識が強まり，上記自由貿易試験区と同じ2013年9月以降，習国家主席や李首相が外遊の際に打ち出した「一帯一路」構想（中国語で倡議。意味はイニシアチブ）と結びついたとみることができる。「18・3決定」では，内陸地域の対外開放を，資源などの調達先である中央アジアとの「シルクロード経済帯」や有力市場である東南アジアとの「海のシルクロード」などのより高次元の構想とリンクさせようとしているが，その同じセンテンスのなかで「開発のための金融機関」設立に言及している。これがアジアインフラ投資銀行（AIIB）設立につながった。同銀行は，「一帯一路」構想に対して，インフラ建設面での資金

を提供する国際金融機関である。

　設立後2年の経緯をみると，AIIBの融資案件は24件，42億ドルとまだ少ないが，アジア開発銀行（ADB）や世界銀行などの既存国際金融機関と協調しながら慎重に融資先を探していくとみられる[10]。中国企業の海外直接投資の9.5％（1294.1億ドル）はすでに構想が対象とする諸国に投資されており（中華人民共和国商務部・国家統計局・国家外匯管理局2017, 22)[11]，毎年の増加率も2桁であるなど，貿易・投資関係は緊密化する過程にある。2016年10月には「中国 - 欧州直通貨物列車の2020年までの中期発展計画」[12]が公表された。後者には欧州直通列車だけでなく，内陸アジア諸都市（ウランバートル，アルマティ等），中東諸都市（テヘラン，イスタンブール等）を終点とする路線が含まれており，また，沿線での工業団地建設など計画的に産業集積を創出する発想が示されている。こうした措置は，長期的には経済圏形成につながるものとして注目されよう。

第2節　経済運営5年の成果と課題

1．「市場との対話」による経済運営の模索

　「18・3決定」後のマクロ経済運営がまず直面した課題は，2008年のリーマンショックに端を発する世界金融危機対応でとられた緊急措置の後遺症を解消することであった。とりわけ2009〜2011年を中心に実行された「4兆元投資」は，企業レベル，政府（とくに地方政府）レベル双方に過剰投資と過剰債務をもたらした。発足当時の習政権の現状認識は厳しいものであり，2013年には①金融面ではデレバレッジ（債務超過解消）を進め，②財政面では景気刺激を行わない，③サプライサイドを中心に構造改

---

[10]　「AIIB1年 融資低調」(『読売新聞』2017年1月17日付)。
[11]　2016年末累計ベース。
[12]　原題は「中欧班列建設発展規画（2016-2020年）」(https://www.yidaiyilu.gov.cn/wcm/files/upload/CMSydylgw/201701/201701100443041.pdf)。

革を進めるというポリシーミックスが実施された。これは，それ以前の方針を大きく変えるものであり，海外のアナリストがそれに李首相の名前を冠して「リコノミクス」（李エコノミクス）と呼んだことは記憶に新しい。

　もちろん中国自身はその政策方針をこう称したことはなく，その後の経済運営で示されたガイドラインを筆者なりに整理すると，①安定成長の維持（7％台の成長，消費者物価上昇率3.5％以下，雇用の維持を守る経済運営），②構造調整の推進（消費主導型成長への転換，都市と農村の協調的発展等），③改革の促進（政府機能の転換，混合所有制経済の発展等）を同時に満たすというものだったと思われる[13]。マクロ経済運営の枠組みは，経済発展の潜在力に基づいて経済成長の合理的区間を定めたうえで，経済がその区間を維持するように政策を展開する，というものである。それは，投資や金融などのマクロ指標をコントロールしたうえで，当局が好ましくないと判断した経済動向に対しては行政介入を行うというポリシーミックスによって安定成長を維持しようとする試みであり，こうした経済運営の基本路線は2014年も維持された。

　しかし，2014〜2015年にかけて経済成長の下振れ傾向が強まり，景気へのテコ入れが図られるようになると経済は不安定化した。「4兆元投資」の反省から大規模な財政出動こそなかったが，それを補うものとして2014年秋以降2015年にかけて断続的に金融緩和策が実施された結果，余剰資金が不動産市場に向かって不動産価格が20〜30％急騰（2013年初比）するなどバブル現象が発生したのである。不動産市況が過熱したとみた当局が不動産への資金供給を削減した結果，2015年には同市況は下落し始めたが，市場に出回る資金量そのものが減少したわけではなかった。こうした状況下で2015年夏に発生したのが，株式の暴騰・暴落（主として上海証券取引所）であり，人民元為替レートの急落であった。

---

[13] 2013年9月の夏季ダボス会議（於：大連）における李首相の発言においても，こうした見解が述べられている。

2．株式の暴騰・暴落と為替レートの急落

　実際には，このふたつの現象の背景には，当局の市場への介入とその失敗が存在する。2015年の不動産市況と株式市況の動きをみると，両者の関連が読み取れる。上記したように不動産市場への資金供給が制限されて不動産価格は下落したが，その動きに反して今度は株式市況の暴騰が始まる。住宅販売価格指数と上海株式総合指数の推移をみると，前者が下落して底を打ち，後者が本格的に上昇を始める転換点は2015年の春頃である。前者の政策意図については上記したとおりであるが，後者の意図は複合的であるため説明しておく必要がある。

　2015年夏の株式暴騰は，当局が意図して誘導したものであると考えられる。すなわち，2015年になってはっきりしてきた景気の下振れに対抗する意図のもと，①資金供給を緩和（既述），②株式取引関係の規制緩和[14]の実施，さらには③メディアを使った株価高騰ムードの演出まで行った。2014年末から上昇し始めて3000を突破していた株価指数は，2015年に入ると上げ足を強め，4月には4000となった。まさにそのとき，『人民日報』に「4000はブル市場[15]の始まりにすぎない」と題した記事が登場し，6月12日に株価指数は5178の最高値をつけた。問題は，そこから後の当局の対応ぶりである。

　株価が上昇しすぎたとの判断が下された後，①信用取引規制が再び強化され，また，中国独特の株取引習慣である②「場外取引」が規制された。②では，警察が動員され，場外取引の行為を取り締まった。もともと株価が上昇しすぎとの判断は衆目の一致するところであったため，こうした当局の動きが「引締め開始」のサインと解釈され，株価はたちまち反落する。ピーク（6月12日）の5178から2カ月あまりで3080（9月7日）まで暴落したのである。今度は暴落に慌てた当局は，きわめて荒っぽい株価安定

---

[14]　おもな措置としては，①香港証券取引所と上海証券取引所の相互取引許可，②株価口座数制限の撤廃，③株の信用取引に対する規制の緩和，などが挙げられる。

[15]　上昇市況のこと。

策を打ち出す。まずは下落を強制ストップするために①国有企業の株取引を2016年1月まで禁止，②大口投資家の株売りを禁止し，③株の空売りを取り締まった。また，株を買わせるために，④金融機関に株担保ローンの継続を指示したほか，⑤機関投資家に株の買取りを強制，さらには，⑥大手証券会社に（株買支えの）資金を供給したのである。こうしたやり方は，きわめて稚拙であるし，何より「市場との対話」という「18・3決定」の方針を自ら否定するものといえる。

株式市場と時を同じくして為替市場でも混乱が発生した。株価下落が続くなか，8月11日から人民元が切り下げられた。正確には，それまでの「取引当日の仲値」を「前日終値を参考にして決定」することから「前日終値に沿って決定」（傍点は筆者）することに為替制度が改革されたわけだが，結果11～13日で為替レートが3.0％下落したのである。この下落幅は2014年1月～2015年8月の2.7％をたった3日間で上回るものであったため，人民銀行は13日に「（為替レートの名目と実勢の）かい離の是正は終了した」として新制度の運営を事実上停止し，為替レートを固定した。

一連の人民銀行の動きは，国際通貨基金（IMF）の特別引出し権（SDR）構成通貨入りの前提条件として為替レートの弾力化をねらったものであり，SDR通貨の審査を11月に控えていたことを考えるとIMFの意向に沿ったものといえるが，株式市場の混乱が続く中，タイミングを見誤った感は否めない。ここでも「市場との対話」方針は齟齬をきたしたのである。

3．経済運営をめぐる論点の整理——2015年の重要会議を軸に——

（1）国有企業改革に動き

2015年8月に「国有企業改革深化に関する指導意見」[16]（中共中央文献研究室 2016, 648-663）が公表され，「18・3決定」後2年近くを経てようやく改革の具体的方針が示された。ポイントとしては，①混合所有制改革を推

---

[16] 原題は「中共中央，国務院関于深化国有企業改革的指導意見」。

進する業種として,電力,石油・天然ガス,鉄道,航空,軍需が指定され,民間資本導入を進めること,②中央政府所轄企業を「商業類」,「安全保障関連」,「公益」に分類してそれぞれ異なった基準で業績を評価すること,③株主の多元化,取締役会の強化によって企業ガバナンスの向上を図ること,④国有資産管理制度を改善して,国有企業の整理,退出,統合を進めやすくすること,⑤国有資産の流失を防止すること,⑥共産党の指導を強化することが列挙されている。

とくに新機軸があるわけではないが,以下でみる2つの重要会議においては,この指導意見をふまえて,国有企業改革の具体的措置が打ち出されていくことになった。

(2) 中国共産党第18期5中全会

2015年秋に2つの重要会議が開催された。ひとつは,中国共産党第18期中央委員会第5回全体会議(2015年10月。以下,18期5中全会)である。会議の最大の目的は第13次5カ年規画(以下,13・5規画)の基本方針の議論であり,その結果は「中共中央の国民経済社会発展第13次5カ年規画制定に関する建議」[17](中共中央文献研究室 2016, 786-821)(以下,「建議」)である。その目標となる個別の指標については第3節で触れるので,ここでは「建議」で示された13・5規画の目標要件と基本理念について述べる。

「建議」が示した目標要件は,①経済の中高速成長を維持し,2020年の国民1人当たり所得を2010年の2倍とする,②国民の生活水準とその質を全体的に向上させる,③国民の素養と社会の文明レベルを顕著に向上させる,④生態環境の質を全体的に改善する,⑤各方面の制度のさらなる成熟化と安定化をはかる,の5つである。そして,これら目標を実現するための基本理念として,(i)イノベーション,(ii)協調,(iii)グリーン,(iv)開放,(v)ともに享受,の5つが掲げられている。

目標要件①からすると,13・5規画期間における経済成長率は年6~7

---

[17] 原題は「中共中央関于制定国民経済和社会発展第十三個五年規画的建議」(2015年10月29日中国共産党第18期中央委員会第5回会議通過)。

％となるはずである。その条件下で②〜④が示すような経済，社会，国民生活の質的向上を図るという穏健な方針といえる。5つの理念のうち注目されるのは，(i)イノベーションの項目で企業家精神奨励を強調していることと，(ii)協調の項目で，都市化を推進するなかで，都市に流入した農村戸籍者に都市戸籍を与えるとしていることである。(i)は，経済成長の駆動力を生産要素の投入増大から，イノベーションによる生産要素の効率化（全要素生産性向上）に転換しようとするものである。また，(ii)は，農村住民が都市住民と同等の権利・義務をもち，そうした新都市住民が産み出す消費需要拡大によって，成長を支えようとの意図をもつ。いずれも，中国経済が「中進国の罠」にとらわれるのを回避することに主眼が置かれている。

(3) 2015年中央経済工作会議

もうひとつの重要会議である中央経済工作会議（2015年12月）では，「サプライサイド構造改革」が最大の政策目標とされ，その5大任務として①過剰生産能力解消，②企業のコスト引下げ，③住宅在庫の消化，④有効な供給の拡大，⑤金融リスクの防止が提起された。基本的に翌年度の経済運営方針を議論する場なので，中長期的目標を扱う5カ年計画とは性格を異にするが，注目すべきは次の3点であろう。

第1は，当局が経済の現状に対して抱いている危機感の強さである。5大任務の①では，雇用の維持を前提にしながら，「できるかぎり多く合併再編を行う」としており，②では，取引コスト，税負担，社会保険料，財務コスト，電力価格，物流コスト，など広範囲にわたるコスト引下げを明記している。また，⑤では，地方政府の債務リスクの管理強化や各種の資金調達における違法行為の取締まりが強調されており，個別リスクが金融システム全体のリスクや地域的リスクを引き起こすのを回避することが強調されている。ここには，2015年夏に発生した株式市場，外国為替市場の混乱への反省が込められているように思われる。

第2は，18期5中全会ではあまり取り上げられなかったサプライサイド構造改革の具体的配置について，同会報告を補足する形で5つの重点分野を列挙していることである。すなわち，①国有企業改革，②財政・税制

改革，③金融体制改革，④年金保険制度改革，⑤医療・衛生体制改革である。このうち①では，国有資本投資・運営会社を改組・設立すること，現在国有企業が独占している分野を民間に開放することが，②では，中央・地方政府権限の区分明確化を前提に，地方税体系の整備，地方の発展能力強化が改革目標とされている。③では，「資金調達機能が完備し，基礎制度がしっかりし，市場の監督管理が有効で，投資家の合法権益が十分保護される株式市場の形成」が求められている。これは2015年夏の株式市場の混乱を想起すれば当然であろう。④，⑤は，改革の重点とはされていなかったが，今回は，民生重視の観点から盛り込まれたとみられる。

　第3は，対外開放分野における施策の重点が示されたことである。具体的には①対外開放地域の配置最適化，対外貿易における輸出入の最適化の推進，外資の積極的利用，自由貿易試験区・投資協定の協議加速，②外資利用の環境改善，といった対外開放政策の基本が再確認され，新しい施策として③「シルクロード経済ベルト・21世紀海のシルクロード」建設，AIIB・シルクロード基金等の機関による融資支援，重大なモデル的プロジェクトの達成，が求められている。18期5中全会の議論よりも記述が具体的なものとなっている。

第3節　第13次5カ年規画要綱の公布と経済政策論争

1．13・5規画要綱のポイント

前節でみたような議論をふまえ，2016年3月に開催された第12期全国人民代表大会第4回会議の政府活動報告において示された2016年単年度のマクロ経済運営の主要目標は下記のとおりである。

(1) GDP成長率：6.5～7％（2015年目標7％前後，実績6.9％）
(2) 消費者物価上昇率：3％前後（2015年目標3％前後，実績1.4％）
(3) 都市新規雇用増：1000万人以上（2015年目標1000万人以上，実績1312万人）
(4) 都市登録失業率：4.5％以内（2015年目標4.5％以内，実績4.05％）
(5) 輸出入：安定化・好転（2015年目標6％前後，実績−8.0％），国際収支の基本的均衡
(6) 個人所得の伸び：経済成長と同歩調（2015年実績は，国民平均で実質7.4％増）
(7) GDP単位当たりエネルギー消費：3.4％以上引下げ（2015年目標3.1％以上引下げ，実績−5.6％），主要汚染物質排出量を引き続き減少

GDP成長率の目標が引下げられる一方，雇用を維持し，個人所得の伸びを成長率と同水準に保つこと，エネルギー消費や環境汚染の低減などが盛り込まれている。

表2-3に，同会議で採択された13・5規画要綱（2016～2020年）の主要目標を示す。

第2章 「新時代」と市場化改革の行方

表2-3 第13次5カ年規画要綱の主要目標

項　　　目	12・5実績	13・5目標	属　性
経済発展			
GDP成長年率（％）	7.8	6.5	予期性
1人当たり生産額（万元）	8.7	＞12	〃
常住人口都市化率（％）	56.1	60	〃
戸籍人口都市化率（％）	39.9	45	〃
サービス業GDP／GDP（％）	50.5	56	〃
イノベーション駆動			
R&D支出／GDP（％）	2.1	2.5	予期性
1万人当たり発明特許保有数（件）	6.3	12	〃
科学技術進歩の成長寄与率（％）	55.3	60	〃
インターネット普及率（人口比，固定BB％）	40	70	〃
インターネット普及率（人口比，モバイル％）	57	85	〃
民生・福祉			
1人当たり可処分所得伸び率（％）		＞6.5	予期性
都市部新規就労者（万人，5年間累計）		＞5000	〃
農村貧困人口（万人）	5575	0	拘束性
都市基本年金加入率（％）	82	90	予期性
都市バラック住宅改造（万戸，5年間累計）		2000	拘束性
資源・環境			
耕地面積（億ムー）	18.65	18.65	拘束性
GDP単位当たりエネルギー消費削減率（％，5年間累計）	18.2	15	〃
GDP単位当たりCO_2排出削減率（％，5年間累計）	20	18	〃
重点地域PM2.5濃度減少率（％，5年間累計）		18	〃
地表水の質Ⅲ類以上の比率（％）	66	＞70	〃

（出所）　国家発展改革委員会（2016）より筆者作成。

2．サプライサイド構造改革をめぐる論争の顕在化

　第12期全人代第4回会議（以下，12・4全人代）での議論において注目されたのは，同じく「サプライサイド構造改革」を掲げながらも，その重点が2015年中央経済工作会議と政府活動報告では食い違っていたことである。繰り返しになるが，中央経済工作会議で示されたサプライサイド構造改革の5大任務は，①過剰生産能力解消，②企業のコスト引下げ，③住宅在庫の消化，④有効な供給の拡大，⑤金融リスクの防止であった。これら項目の多くが2009～2010年の「4兆元」投資の後遺症処理策であったのに対し，12・4全人代では処理策にとどまらない6項目の施策が打ち出された。すなわち，①行政の簡素化・権限の下方委譲，②社会全体での起業・イノベーション推進，③過剰生産能力解消と企業のコスト削減，④財・サービスの供給改善，⑤国有企業改革の推進，⑥民間活力の導入である。③，④は中央経済工作会議の5大任務と重複しているが，①，②，⑤，⑥など，今後の経済の潜在成長力を高めていくための施策が中心となっている。

　表面だけをみると，両者は相互補完関係にあるので違和感はないが，全人代のような場で，このように一見して異なった形で政策の報告がなされるのは異例である。現に，同じ12・4全人代での国家発展改革委員会の「経済報告」（「2015年度国民経済・社会発展計画の実施状況と2016年度国民経済・社会発展計画案についての報告」）の内容は，中央経済工作会議（2015年12月）と一致するものであっただけに，この食違いは目立っていた。食違いの背景には，経済運営をめぐる論争が存在したようである。まず，中央経済工作会議以降の経済運営をめぐる重要会議の開催日程と『人民日報』紙の「権威人士」インタビュー記事掲載日程を下に示す。

```
2015年5月25日      「権威人士」インタビュー掲載（1回目）
    12月18～21日   中央経済工作会議。「5つの任務」
2016年1月 4日      「権威人士」インタビュー掲載（2回目）
     3月5～16日    第12期全人代第4回会議。「政府活動報告」，
```

	「経済報告」
4月29日	中国共産党中央政治局会議
5月 9日	権限委譲・管理強化・サービス最適化改革の全国テレビ電話会議
	「権威人士」インタビュー掲載（3回目）
5月16日	中央財経領導小組会議開催

　『人民日報』紙上で「権威人士」の発言とされるのは最高指導者（習近平）の発言か，その承認を得た人物の発言である。そうした重要な発言が1年間に3度掲載されたことは，トップ指導グループ中に経済運営方針をめぐる論争が存在し，その収束に一定の時間を要したことを示している。とくに3回目のインタビューは，李首相が指導する国務院への批判めいた記述も含んでいる。

3．示された論点と論争の収拾

　3回目の「権威人士」記事（以下，「権威」）では主として以下の5つの論点が示されている。第1は，現下の経済情勢をどうみるかという点についてである。「権威」は経済成長速度が低下していく情勢について「今後，長期にわたりL字型[18]が継続する」とみる。この見方は，2016年春当時，いくつかの経済指標が改善したことから経済の先行きを楽観視する報道がみられたことへのアンチテーゼとなっている。第2は，マクロコントロールは何をなすべきかという点についてである。「権威」は，サプライサイド構造改革の5大任務重視を掲げる。第3は，サプライサイド構造改革をどう推進するかという点である。「権威」は，行政の関与を減らし，市場機能を発揮させることで5大任務を遂行すべきだと主張する。第4は，企業等の経済主体の「予測」をどう管理するかという点である。「権威」は，2015年の株式市場，外為市場の混乱を念頭に，経済主体が合理的な判断

---

[18] 成長率が下降し底を這う状態。

を下せるよう，①政策を安定させ，透明度を高めること，②大方針たるサプライサイド構造改革を堅持し，政策の周知に力を入れるべきだとする。第5は，経済リスクをどう防止するかという点である。「権威」は，金融の安定を保つ一方，ゾンビ企業は大胆にリストラすべきだとする。もちろん，発生する失業者は保護するとして「企業ではなく人を守る」と断じる。

「権威」全体をとおして読みとれるのは，2015～2016年当時の国務院の経済運営への批判である。前項でみたように，李首相の国務院は，景気を下支えしつつ政府機能簡素化と国有企業改革を進め，国有企業に代わって経済をリードする主体として民営企業が成長する環境を整えることを追求していた。そのスタンスは，成長年率6～7%という巡航速度を維持しながら改革を進めるためには間違っていない。しかし，「権威」は，景気の下振れ要因となりかねないサプライサイド構造改革を徹底させること，そうした大方針を企業や国民に周知させることを強く求めている。

「権威」と国務院の方針の相違は力点のレベルの違いともみえるが，今後の経済運営を混乱なく進めるためには，両者を急いで調整し，統一を図る必要があった。統一は「権威」掲載1週間後に開催された中央財経領導小組会議で実現した。この過程を整理したのが表2-4である。

表の右欄は，中央財経領導小組会議での習総書記の講話の内容を示すが，A欄とB欄（それぞれの会議とその論点を示してある）を統一したものになっていることがわかる。すなわち，「当面の重点」としてサプライサイド構造改革の5大任務が再確認されたうえで，その「本質的な属性は，改革の深化であり，国有企業改革を推進し，政府の機能転換を加速し，価格・財政・税制・金融・社会保障等の分野の基礎的改革を深化させることである」（習講話）とされた。習総書記と李首相（国務院）双方の面子を立てた形である。

4．経済運営のブレと2016年中央経済工作会議

しかし，こうして経済政策論争が収拾された後も経済運営にはブレがみられた。その原因は，サプライサイド構造改革によるデフレ効果や，後述

表 2-4　2016 年の経済運営をめぐる議論の推移

A	B	「権威人士」論文後の着地点
中央経済工作会議（2015 年 12 月），12・4 全人代（2016 年 3 月）での発展改革委報告	12・4 全人代・李報告（2016 年 3 月）	中央財経領導小組会議（2016 年 5 月 16 日）
①過剰生産能力解消 ②企業のコスト引下げ ③住宅在庫の消化 ④有効な供給の拡大 ⑤金融リスク防止	①行政の簡素化・権限下方委譲 ②全社会の起業・イノベーション推進 ③過剰生産能力解消と企業のコスト削減 ④財・サービスの供給改善 ⑤国有企業改革推進 ⑥民間活力の導入	①サプライサイド構造改革 Aの「5 大任務」 Bの①，⑤，価格・財政・税制・金融・社会保障等の基礎的改革の深化 ②中間所得層の拡大 所得分配制度の整備，人的資本強化，企業家の役割発揮，財産保護の強化

（出所）　筆者作成。

するような「腐敗退治」キャンペーンを恐れた中央・地方幹部が消極的抵抗としてサボタージュを試みたことなどから景気が下振れしたために，何らかのテコ入れ策を講じざるを得なくなったためである。

　国務院常務会議（閣議に相当）の内容をみると，2016 年 7 月には①鉄鋼・石炭の過剰生産力削減の継続を再確認しつつも，②新規の重大プロジェクトの実施，③小型・零細企業への金融支援，④営業税の増値税（付加価値税）転換による実質減税が決定された。さらに 9 月には，⑤ 13・5 規画の重大プロジェクト推進，⑥プロジェクト許認可権限の地方政府委譲，⑦ PPP（public-private partnership）など資金調達・利用の活性化，⑧自由貿易試験区の拡大，が決定されるなど，景気を下支えしようと懸命の努力が払われたことがわかる。その結果，景気は上向いたが，不動産投機が再燃し，地方政府が PPP を隠れ蓑に新たな投資を拡大したこと，さらには資金需要が緩んで P2P（個人間ネット金融）が急拡大するなどの弊害が目

立つようになった。

こうした状況を受けて開催された2016年12月の中央経済工作会議では,「安定」を第一義としつつ,サプライサイド構造改革の推進が再度強調された。すなわち,①「三去一降一補」((ⅰ)過剰生産能力解消,(ⅱ)企業のコスト引下げ,(ⅲ)住宅在庫の消化,(ⅳ)企業コスト引下げ,(ⅴ)有効な供給の拡大),②農業構造改革,③実体経済振興,④不動産市場安定を重点としつつ,⑤国有企業改革,⑥知的財権保護の強化,⑦税・財政・金融体制改革の推進が決定された。このうち,⑤においては「混合所有制改革推進」が明記された点が注目されよう。

第4節 「新常態」と「中所得国の罠」

1. 中長期的課題の重視へ

習政権は5年あまりの経済運営の中で,サプライサイド構造改革の必要性を各方面に浸透させることに努めてきた。本章執筆時点での各種経済指標をみるかぎり,成長速度が徐々に低下するなかでも雇用は増加し,それに支えられて消費も堅調である。「旧常態」から滑らかに「新常態」に移行しつつあるようにもみえる。しかし,産業別にみると,鉱工業生産は生産量ベース,付加価値ベースともに全GDP成長率に比べ大幅に下落しており,その下落分以上にサービス業が成長して,産業構造転換が起きているのかどうかを確言するには,いま少し観察時間が必要なように思われる。また,地方政府の財政赤字と不良債務は拡大しているほか,国有企業の利益率が下落し,民営企業の投資も停滞しているなど,メゾマクロレベル,ミクロレベルでは「新常態」への移行の足取りは確かではない。

筆者は,この足取りを確かなものとする方法は「中所得国の罠」の克服であると考える。すでに習政権発足に先んじて2012年2月に公表された『中国2030』(World Bank and Development Research Center of the State Council, the P.R.China 2013) において,中国が直面する「中所得国の罠」とその克

服について論じられている。克服に向けたポイントは，①市場経済の基盤を強化する構造改革の実施，②イノベーションの加速化と開かれたイノベーションシステムの創造，③「グリーン成長」の実現，④すべての人々が享受できる社会保障機会の拡大と促進，⑤国内財政制度の強化，⑥世界との相互利益関係の追求，である。表 2-5 では，「中所得国の罠」と中国の現実を対比し，「新常態」の特徴＝「あるべき」経済や社会の状態が，「罠」や現実を解決する処方箋となっていることを示したものである。中国の現実が「中所得国の罠」と共通しており，習政権はそのことを明言してはいないものの，『中国 2030』で示唆された対策の有効性を認識しつつ政策を展開しているように思われる。つぎに問われるべきはその政策をどう評価するのかである。

表 2-5　中所得国の罠*と新常態

中所得国の罠	中国の現実	処方箋としての「新常態」
① 1 人当たり GDP5000 ドル超の段階で不平等拡大	格差の拡大と継承 2016 年ジニ係数 0.465 人口老齢化加速「未富先老」 「富 2 代貧 2 代」	「貧困撲滅プラン」＋新型都市化 社会保障充実＋新型都市化 所得再分配の強化
② 政府・国有セクターの非効率・腐敗	「国進民退」	国有企業改革再始動
③ 都市化にともなう諸問題	不動産バブル 都市部の住宅問題** 環境問題 交通問題その他	金融抑制 バラック住宅地区改造 環境規制強化 新型都市化

(出所)　筆者作成。
(注)　＊ Gill and Kharas (2007)。
　　　＊＊国連 HABITAT 統計 (2010) によれば，中国都市部のスラム住民比率は 28.2％で，インドをわずかに上回っていた。

2．政治的引締めと改革

　習政権発足以降の政治情勢で目立つのは，ひとつは，「腐敗退治」キャンペーンのもとで，多数の政府高官が「落馬」，つまり失職していることである。その数もさることながら，「落馬」が最上位グループにまで及んだことが特筆される。そのレベルは，中央政府の部長（大臣），元中央軍事委員会副主席の徐才厚からついに元党中央政治局常務委員である周永康まで含まれる。そして，「腐敗退治」が推し進められた産業・分野をみると，改革の重点分野と重なっていることがわかる[19]。

　もうひとつは，集権化である。それを代表するのが，「18・3決定」で新設するとされた「中央改革全面深化指導グループ」(2013年12月設立)，「中央国家安全委員会」(2014年1月設立)やその後設立された「中央インターネット安全情報化工作指導グループ」(同年2月)，「中央軍事委国防・軍隊改革深化指導グループ」(同年3月) などの指導機関である。いずれもトップに習近平が就任し，従来の党・行政組織の系列から独立し，習の意思を体して改革開放を推進する役割を有している。「中央改革全面深化指導グループ」は，①経済体制・エコ文明体制改革，②民主法制領域改革，③文化体制改革，④社会体制改革，⑤党建設制度改革，⑥規律検査体制改革という専門グループを擁し，文字どおり改革全般を指導する組織である。また「中央国家安全委員会」は，「安全保障体制と安全保障戦略をより完全にする」ための組織とされている。前者は国内の安全保障，後者は対外的安全保障を意味しており，両者を統合して管轄することをめざしているといえよう。「中央インターネット安全情報化工作指導グループ」については報道が少ないが，インターネットを中心に情報管理を強化するための組織とみられる。「中央軍事委国防・軍隊改革深化指導グループ」は，国防・軍隊改革に取り組もうとする習の意思を示している。これら組織が，習総書記個人の権限を強化するねらいをもっていることは間違いないだろう。もっとも，中央改革全面深化指導グループにおける政策決定の実態を

---

[19] たとえば，大西 (2015, 128-129) を参照。

実証分析した論考（佐々木 2014）によれば，依然として多くの政策決定は，中央政治局常務委員会の決議を経て行われているとみられ，各「指導グループ」を過大評価すべきではないかもしれない。しかし，習総書記個人への権力集中は進み，2016 年 10 月に開催された中国共産党第 18 期中央委員会第 6 回全体会議（以下，「18 期 6 中全会」）において，ついに習は江沢民以来の「党の核心」と位置づけられるに至った[20]。

　ただし，こうして政治の引締めが強まる一方で，肝心の改革開放全体のスピードは速まっていない。「腐敗退治」は続行，つまり「常態化」されており，従来型の経済運営のなかで利益を得てきたグループは弱体化しているとみられるが，それだけで改革が進展するわけではない。進展のためには，改革の制度設計を行い，改革を担う主体を指定あるいは養成し，その過程で問題が発生すれば対処し，つぎに進むという地道な努力が必要である。また，社会全体に改革進展を肯定する雰囲気を醸成することも重要である。40 年近い改革開放の歴史を振り返ると，改革を推進する最も有効な手段は対外開放の進展であった。習政権は，自由貿易試験区実験や「一帯一路」構想の提起など新しい対外開放政策も打ち出しているが，改革推進に向けたアピール力は欠けている。現地メディア等の報道ぶりをみると，政治的引締めの強化は，現場の官僚やビジネスマンのマイナス思考を助長し，「サボタージュ」を招いている。本章の最後では，19 回党大会以降の経済運営，市場化改革の今後の展望を試みる。

第 5 節　19 回党大会と市場化改革の行方

1．民間主導の産業構造転換

ちょうど習政権に移行する前後から，マクロ経済において緩やかな成長

---

[20]　2016 年 10 月 27 日付け新華社記事「（受権発布）中国共産党第 18 期中央委員会第 6 回全体会議公報」（http://news.xinhuanet.com/politics/2016-10/27/c_1119801528.htm）による。

率の下降と成長構造の変化が同時に進んできた。図2-1に示したように，2007〜2011年の5年間の成長率が2桁だったのに対し，直近2012〜2016年の5年間は7.3％になり，6％台が「巡航速度」となってきた。成長を支える要因を需要項目別にみると，前期では，資本形成（投資）総額や純輸出が貢献していたのに対し，直近では，最終消費支出が投資にとって代わり，輸出はむしろ成長の足を引っ張っていることがわかる。

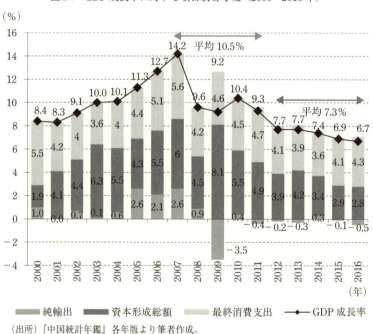

図2-1　GDP成長率に対する項目別寄与度（2000〜2016年）

（出所）『中国統計年鑑』各年版より筆者作成。

さらにGDP増加額に占める産業別シェアの推移をみると，成長を支えているのは第3次産業になりつつあることがわかる（図2-2）。

従来の中国経済からすれば「低成長」にもかかわらず，就業状況が良好

図2-2 GDP増加額に占める産業別シェアの推移

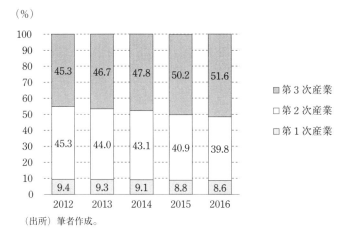

(出所) 筆者作成。

なことは注目すべきだろう。ここ数年の新規就業人口は1300万人超で，都市部登記失業率は4％台前半で推移している。好調な就業状況を支えているのは，起業の波と，雇用吸収力の向上である。前者についてみると2016年の起業は553万社（対前年比24.5％増）で，これだけで1000万人の雇用を創出したと推算されている。後者について「GDP100万元増加による新規就業者増数」を産業別にみると，第3次産業は9.1人で，第2次産業より1.6人多い。なお，553万社で1000万人という数字からわかるように起業は零細でおそらくはサービス産業が多いとみられる。

　2012～2016年の産業別就業人口構成の変化をみると，第1次産業が33.6％から27.7％へ，第2次産業が30.3％から28.8％に減少し，第3次産業は36.1％から43.5％に増加している。実人口数では第1次産業が4277万人，第2次産業が891万人，それぞれ減少し，第3次産業に移行した。サービス経済化の進展は速い。また，こうした産業間の異動と並行して人口の都市集中が進んでいる。2016年の都市常住人口比率は57.35％に達した。しかも，都市部での所得は地域を問わず急速に向上している。**表2-6**は，住民1人当たりGDPが1万ドルを突破した都市をまとめたものであ

る。2015年の数字だが、全国36都市でこの水準を超えており、総人口数は2億8856万人に上る。こうした事情を考慮すれば、都市において消費が盛り上がっているのも当然であろう。

以上の変化を総合的にみると、前節までで分析してきた官主導のサプライサイド構造改革とは別に、民主導の産業構造・就業構造・居住構造の変化が経済全体を大きく変貌させている現実が浮かび上がる。

表2-6 「1万ドル都市」の増加

1人当たりGDPが1万$に達した年	都 市 名	2014年の人口（万人）
2007年	深圳，蘇州，無錫	2,788
2008年	広州，上海，杭州，寧波，オルドス，包頭	5,584
2009年	北京，大連	2,743
2010年	天津，南京，常州	2,702
2011年	武漢，長沙，瀋陽，青島，東莞	4,264
2012～2015年	廈門，済南，煙台，鄭州，南通，福州，南昌，仏山，珠海，成都，長春，合肥，西安，銀川，太原，貴陽，ウルムチ	10,775
2007～2015年累計	全36都市	28,856

（出所）　筆者作成。

2．19回党大会の経済思想

　習政権もこうした経済の変貌を認識している。そのことは19回党大会の習近平報告「小康社会の全面的完成の決戦を進め，新時代の中国の特色ある社会主義の偉大な勝利を勝ちとろう」[21]からもうかがうことができる。党大会での基調報告ということもあり，経済政策を正面に掲げた部分は全13節中の第5節「新たな発展理念を貫き，近代化経済体系を構築する」だけであるが，そのポイントは以下のとおりである。

　「わが国の経済は，すでに高速成長の段階から質の高い発展をめざす段階へと切り替わって」いるとの基本認識に立って，6つの重点分野を列挙しているが，これを**表2-7**に整理した。

　ここで注目したいのは，第1に，サプライサイド構造改革の内容が新産業の創出を通じた「製造強国づくり」に重点をおいていることである。新産業のリストアップは，昨今「ニューエコノミー」と呼ばれている産業群となっている。第2には，農村振興戦略において土地請負契約の再度30年延長，農民の財産権保護を明言したうえで，農業近代化の方向性（いわゆる6次産業化）を示したことである。第3には，「地域間の調和発展戦略」として従来の地域振興政策の実施を再確認したことである。第4には，社会主義市場経済体制の分野でまず，「財産権制度の充実と生産要素の市場化」に重点をおくとしたことである。これは，とくに民営部門に安心感を抱かせようとしたものとみえる。また，国有部門強化を述べた部分で，「国有企業の強化」ではなく「国有資産の価値維持・増殖，国有資本の強大化・優良化」としたことである。所有と経営の分離という国有企業改革の肝となる点を再提起したものとして注目される。そして第5には，「一帯一路」構想と自由貿易試験区という政権の2大対外経済政策を軸とした全面的対外開放を打ち出したことである。次項でも述べるが，筆者は，ここには習政権の再度，改革開放を始動しようとする意欲が示されているとみている。

---

[21]　原題は「決勝全面建成小康奪取新時代中国特色社会主義偉大勝利――在中国共産党第十九次全国代表大会上的報告」（http://jhsjk.people.cn/article/29613458?isindex=1）。

表 2-7　19 回党大会経済思想のポイント

重点分野	内　　容
(1)サプライサイド構造改革	①製造強国づくり ・インターネット，ビッグデータ，人工知能と実体経済の融合 ・ミドル・ハイエンド消費，イノベーションによる牽引 ・グリーン・低炭素，シェアリングエコノミー，現代サプライチェーン，人的資本サービス分野で新たな成長ポイント育成 ・在来産業の最適化・高度化，現代サービス業発展 ②過剰生産力・過剰在庫・過剰債務解消，コスト低減，脆弱部分の補強 ③企業家精神の喚起・保護
(2)革新型国家建設の加速	・基礎研究・オリジナル成果でのブレークスルー ・科学技術強国，品質強国，宇宙開発強国，インターネット強国，交通強国，デジタル強国，スマート社会 ・国家革新体系整備，科学技術体制の改革 ・文化の革新，知的財産権の創出・保護・運用の強化
(3)農村振興戦略	・土地請負契約を 2 期目の契約終了後さらに 30 年延長 ・農民の財産権保障，集団経済の発展 ・第 1 次・2 次・3 次産業の融合発展
(4)地域間の調和発展戦略	・旧革命本拠地，民族地区，辺境地区，貧困地区への支援強化 ・西部大開発の新しい枠組みづくり，旧工業基地の振興 ・北京・天津・河北地区の共同発展，雄安新区の建設 ・長江経済ベルト発展
(5)社会主義市場経済体制の充実化	・財産権制度の充実と生産要素の市場化に重点 ・国有資産の価値維持・増殖，国有資本の強大化・優良化，国有企業の改革深化（混合所有制発展） ・市場参入ネガティブリスト実施，民営企業の発展支援 ・中央・地方財政関係の確立，予算制度の確立 ・金融体制改革，システミックリスクの発生阻止
(6)全面的開放の新たな枠組みづくり	・一帯一路建設を重点にハイレベルの貿易・投資自由化，円滑化 ・参入前内国民待遇とネガティブリスト管理の全面的実施 ・自由貿易試験区の権限強化，自由貿易港建設の模索

（出所）　19 回党大会における習報告より筆者作成。

3．2017年中央経済工作会議と今後の経済運営

19回党大会を受けて開催された中央経済工作会議では、「新時代」における経済運営方針の片鱗が示された。その第1のポイントは、「経済がすでに高速成長の段階から質の高い発展の段階に転換した」との基本認識に立ちつつ、2020年までの小康社会実現のための「三大難関攻略戦」として、①重大リスクの防止・解消、②精確な脱貧困、③汚染対策が挙げられたことである。①では、とりわけ金融リスク防止が重視されている。この背景には、地方政府の債務問題や不動産市場のバブル状態が未解決であり、加えて政府の制御の及ばない各種民間ファンドのP2P（インターネット経由の個人間金融）が新たに不良債務をうみ出して、大規模な金融混乱の元となりかねないことに対する危惧がある。②は、2020年までに貧困家庭を解消するとの公約を改めて示したものである。「精確」が意味するのは、特定の貧困層・貧困地域にねらいを定めて、その脱貧困に全力を挙げることであり、従来の脱貧困よりも効果的な施策の展開を強調する意味がある。③は、国民の不満が最も高い大気汚染問題の解決を重点に、生態環境全般の改善を達成するとの意思表示である。この箇所には「青空防衛戦」というややジャーナリスティックな用語が登場する。

第2のポイントは、「質の高い発展」を保障するために8つの重点政策を示したことである。列挙すると、①サプライサイド構造改革の深化、②各種市場主体の活力喚起、③農村振興戦略の実施、④地域間の調和発展戦略の実施、⑤全面的な開放の新たな枠組み形成、⑥民生の保護・改善レベルの向上、⑦多様な住宅制度の確立、⑧エコ文明建設の推進・加速、である。19回党大会での経済運営方針とほぼ同じ内容であるが、単年度の政策方針であるだけに、短期的な目標も示されている[22]。

これに12月21日付け『人民日報』社説「質の高い発展という根本要求をしっかり把握しよう」[23]を加味して2018年の経済運営を描出してみると、

---

[22] 「中央経済工作会議在北京進行」(http://www.gov.cn/xinwen/2017-12/20/content_5248899.htm) による。

[23] 原題は「牢牢把握高質量発展這個根本要求」(http://paper.people.com.cn/rmrb/html/2017-

①マクロ経済バランス（とくに金融の安定）に留意しつつ，サプライサイド構造改革を着実に推進する，②イノベーションを奨励し，民営企業を支援しつつ国有企業改革，財政金融改革を深化させる，③農村振興と同時に「一帯一路」などの新構想で地域発展に新たな活力をもたらす，④各種リスクを防止・解消しつつ，脱貧困を加速する，⑤全面的対外開放のための新たな枠組み形成に努め，発展の中で民生水準を向上させる，という姿が浮かび上がってくる。

4．13期全人代での議論

13期全人代では，国家主席・副主席の任期制廃止や習の腹心の登用といった，習によるさらなる集権体制の成立にばかり内外の注目が集中したきらいがある。しかし，実際に交わされた議論や決定を検討してみると，習政権の別の側面が見えてくる。

第1に，マクロ経済運営において「消費需要主導による成長」というスタンスは変わっていない。13期全人代で固定資産投資伸び率の目標は示されず，財政赤字の対 GDP 比目標も 2.6％と前年（3.0％）より引下げられた。その前提で GDP 年成長率は 6.5％前後とされている。これは 2017 年実績より低いが，次に示す経済の質・効率の向上を妨げず，かつ雇用の安定を保てる水準として設定されたとみられる。中国の潜在成長率とおおむね一致した数値（国家発展改革委員会の見解）でもある。

第2に，党大会の議論を受けて 13 期全人代でも，①質の高い発展の強力な推進，②改革開放の取組み強化，③小康社会の全面的実現に向けた 3 つの戦い（重大リスクの防止，精確な脱貧困，汚染対策）の勝利，という経済運営の基本方針が示された。注目されるのは，①において，無駄な生産力の淘汰と並んで，新たな発展の原動力育成が強調されていることである。アウトラインはすでに 19 回党大会で示されていたが，今回は，「新興産業クラスター」であるビッグデータ・AI（人工知能）関連，インターネット

12/21/nw.D110000renmrb_20171221_3-01.htm#）．

応用サービス業を筆頭に，集積回路，第5世代移動通信，航空エンジン，新エネルギー自動車，新素材など「製造強国」を担う産業への支援強化が謳われている。

第3に，「官民一体」での政策推進をめざしていることである。これを象徴する人事として，13期全人代と13期政治協商会議の代表にIT企業家が10名選出された。これは前回（5年前）の3人から3倍増であり，政府の意図がみてとれる。民営企業側も政府との協力を深めて新政策に対応できるメリットがある。なお，中央政府管轄の中央企業50社も同代表を送り込んでいる。国有企業を柱としつつ新興民営企業も囲い込んで産業政策を推進しようとの構えがみてとれる。

第4に，改めて対外開放推進を強調している。とくに外資への開放分野として製造業では，一般製造業・新エネルギー自動車，サービス業では，電気通信・医療・教育・高齢者介護のほか，金融（銀行カード決済，保険ブローカー，銀行，証券，ファンド管理，先物取引，金融資産管理）が列挙され，一部業種では先行的に規制緩和策が公表されている。

以上でみたように，習政権は，政府主導型ではあるが，産業の長期的発展を見据えた改革開放策を推進していくものと予想される。

おわりに

本章では，習政権の第2期以降を占う基礎作業として，まず，第1期（2012年11月～2017年10月）を主たる対象とし，改革の進展とその中で見えてきた課題を分析した。冒頭に記した問題意識に沿って改革と対外開放の相互促進作用に注目して整理すると，2013年後半以降，「18・3決定」を受けて，改革開放両分野において新しい施策が打ち出された。対外開放分野では，同年秋に自由貿易試験区，「一帯一路」構想が提起されたが，前者は政府機能の簡素化，規制緩和，従来対外開放されていなかったサービス産業分野などにおける改革を促す作用があり，後者は中国企業の海外投資を促すとともにその方向性を示したものである。

また，2014年3月公表の「国家新型都市化規画（2014-2020年）」には，戸籍制度改革や福祉制度改革が盛り込まれており，都市と農村の一体的発展を図る方向性が示されている。2015年秋〜2016年春にかけて準備，決定された13・5規画は，2020年までに国民1人当たりGDPを2010年比2倍増とする一方で，国民の生活水準や生態環境の質を全面的に向上させることに重点をおいている。目標達成のための基本理念の第1にイノベーションを掲げるなど成長方式の転換を強調しているが，こうした転換がなるか否かは，中国が「中所得国の罠」を突破する上での最重要ポイントのひとつである。

　しかし，その後，改革機運が後退したこともみておかなければならない。後退の理由は，2015年に本格化したサプライサイド構造改革でもたらされた景気下振れへの対策として，2016年になって中央財政による公共投資や地方政府のPPP方式を使った投資の拡大が図られたからである。投資拡大は景気を回復させたが，過剰生産設備の棄却等は遅れることになった。そして，今度は，再燃した不動産投機や上述のPPPバブル，緩んだ金融を背景としたシャドーバンキングの再活発化に危機感を抱いた改革派の巻き返しで，サプライサイド構造改革が強調されるようになる。こうした経緯は本章でみたとおりだが，ことほどさように，市場化改革は右に左にブレを繰り返してきたのである。

　第2期習政権（2017年11月〜2022年11月）における課題は，まず，こうしたブレを小さくして，いかにして改革の実を上げていくか，である。19回党大会で習政権が権力基盤を固めた現在は，改革推進に舵を切る好機であると筆者はみている。

　実際に，19回党大会の習演説や2017年末の経済工作会議では，改革を推進し，新しい成長産業を育成していく方針が打ち出されている。これを受けた2018年3月の13期全人代でも，力強い発展をみせる新興産業群に依拠しながら，経済全体の体質をイノベーション駆動型に変えていこうとする議論が主導的であった。「改革」から「イノベーション」へとキーワードは変わってきているが，民営部門が主導する経済発展は，改革開放が最終目標としてきた姿である。前例を破って13期全人代前に開催され

た中国共産党第 19 期 3 中全会の主題は「党・国家機関の改革」であった。これを習による集権体制確立の一環とする解釈も可能だが，その後に具体化した大規模な中央政府機構改革は，「経済発展を妨げない効率的な政府」をめざす動きとも理解できる。

　もちろん，すべての前提として経済成長の維持は至上命題である。現在好調にみえる中国経済も「中所得国の罠」を克服しなければ，それこそ 19 回党大会の掲げた遠大な目標を達成できなくなる。克服のためにはあらゆる分野で改革＝イノベーションを進めるしかない。第 2 期以降の習政権をみるポイントは，改革＝イノベーションがどこまで実現できるのか，そしてそれが政権そのものにまで及ぶのか否かにあるのではないだろうか。

[参考文献]

＜日本語文献＞
大西康雄 2015．『習近平時代の中国経済』アジア経済研究所．
――― 2017．「『新常態』下の市場化改革」大西康雄編「習近平政権二期目の課題と展望」（調査研究報告書）　アジア経済研究所　1-25．
佐々木智弘 2014．「総書記就任から二年の習近平――成果と課題――」『東亜』(568) 92-98．
『読売新聞』2017．「AIIB1 年 融資低調」1 月 17 日．

＜英語文献＞
The World Bank, the Development Research Center of the State Council and P.R.China 2013. *China 2030: Building a Modern, Harmonious, and Creative Society*. Washington, D.C.: World Bank.
Gill, Indermit and Homi Kharas 2007. *An East Asian Renaissance: Ideas for Economic Growth*. Washington, D.C: World Bank.

＜中国語文献＞
国家発展改革委員会 2016．「中華人民共和国国民経済和社会発展第十三次五年規画綱要」（http://www.sdpc.gov.cn/fzggz/fzgh/ghwb/gjjh/201605/P020160516532684 519514.pdf）．
中共中央文献研究室編 2014．『十八大以来重要文献選編（上）』北京　中央文献出版社．

―――― 2016.『十八大以来重要文献選編（中）』北京　中央文献出版社
中華人民共和国商務部・国家統計局・国家外匯管理局 2017.『2016年度中国対外直接投資統計公報』(www.laodongfa.com/index/download/id/66111.html).

第 3 章

揺れ動く対外政策と今後の課題

飯 田　将 史

はじめに

　2012 年 11 月に開催された第 18 回中国共産党全国代表大会で発足した習近平政権は，2017 年 10 月の第 19 回中国共産党全国代表大会（以下，第 19 回党大会）を経て，2 期目を始動させた。第 1 期政権において，習近平は反腐敗運動を大々的に展開して規律の強化に努めたり，改革の全面的深化を掲げて経済の構造転換を図ったりするなど，内政面で独自色を発揮してきた。同様に外交においても，習近平は従来とは異なる政策を推進してきた。すなわち，他国との摩擦や対立の高まりをいとわず，主権や権益の問題などで強硬な主張と行動を繰り返す，高圧的な外交である。こうした外交姿勢は，東シナ海や南シナ海での強引な海洋進出にとりわけ顕著にみられる。

　他方で第 1 期政権の半ばからは，「中国の特色ある大国外交」という概念が，習近平が提起した新たな外交理念として喧伝されるようになった。この新たな外交理念では，「平和発展の道」を堅持することや「協力とウィン・ウィン」[1]の実現，他国との建設的なパートナーシップの構築などが重視され，「人類運命共同体」の構築が目標とされている[2]。習近平の

---

(1) 中国語の原文は「合作共贏」であり，意味は協力によって共に利益を得ること。
(2) たとえば，2016 年 5 月 4 日付け『人民日報』記事「践行中国特色大国外交理念，服務全面建設小康社会目標」。本理念の内容については第 2 節で検討する。

主導のもとで,他国や国際社会との協調と協力に重点がおかれた概念が,公式の外交理念として主張されるようになったのである。

　第1期習近平政権の対外政策の特徴のひとつに,周辺諸国との対立を引き起こしてきた現実の政策と,習近平が提起した協力を重視する理念とのかい離がみられたことがある。しかもこの言葉と行動の溝は広がる傾向にあり,中国の対外政策はその間で揺れ動いているようにもみえる。本章の目的は,第1期習近平政権において次第に形成されてきた外交理念の特徴とともに,政権が実際に展開してきた対外政策とのかい離を確認したうえで,第2期習近平政権の外交の方向性について検討することである。

　以上のような問題意識に基づいて,本章ではまず,発足当初の習近平政権が打ち出した「核心的利益」を重視する外交方針と実際の政策の展開について概観する。つぎに,「中国の特色ある大国外交」の理念の内容について,その形成過程をふまえながら分析する。最後に,東アジア地域を中心とした現在の中国の外交政策の実態と,中国が提唱する理念との齟齬を指摘したうえで,第19回党大会前後の政策の展開をふまえて習近平政権の対外政策の今後について考察を加えることにする。

第1節　海洋で目立つ強硬な対外姿勢

1．「核心的利益」重視の外交方針

　習近平は総書記に就任した直後から,「中華民族の偉大な復興」を「中国の夢」と位置づける愛国主義的なスローガンを掲げ,その実現を図ることで自らと中国共産党の正統性を高める試みを推進した。総書記への就任を受けて開催された記者会見において習近平は,「偉大な民族」である中華民族は近代において困難と危険に直面したが,中国共産党の指導のもとで,「繁栄と富強の新中国」へ変化したと主張したうえで,「中華民族の偉大な復興を実現するために努力し奮闘すること」が新指導部の「民族に対する責任」であると主張した[3]。その2週間後に習近平は,アヘン戦争を

契機に外国によって虐げられた中国が，中国共産党の指導のもとで独立を果たし，経済発展を実現させて再び大国の地位を確立した軌跡を描いた「復興の道」と題する展覧会を視察した。この場で演説した習近平は，中国人民が不撓不屈の闘争によって自らの国家の建設を始めたことが「愛国主義を核心とした偉大な民族精神」を示しているとしたうえで，「中華民族の偉大な復興を実現することが，中華民族の近代以来の最も偉大な夢である」と述べ，「中華民族の偉大な復興」を「中国の夢」と位置づけたのである[4]。このように習近平は，中国の新たな指導者となった直後から，この民族主義的な色彩の強い「中国の夢」を国家の中長期的な目標に設定し，ナショナリズムを鼓舞するような大々的な宣伝活動を行った。

　この「中国の夢」の実現をめざす習近平の政治姿勢は，外交政策の方針にも反映された。2013年1月28日に，中国共産党中央政治局は，外交政策に関する集団学習を開催した。この場で演説した習近平は，「平和発展の道を歩むことは，時代の発展の流れとわが国の根本的な利益に根差した，わが党の戦略的な選択である」と述べ，胡錦濤前政権が中国の基本的な外交方針として提起した「平和発展の道」を，自らの政権においても継承する姿勢を示した。しかし，同時に習近平は，「われわれは平和発展の道を堅持するが，決してわれわれの正当な権益を放棄することはできず，国家の核心的利益を犠牲にすることもできない。いかなる外国も，われわれが核心的利益を取引するなどと期待すべきではなく，わが国の主権，安全，発展の利益が損なわれる結果を受け入れるなどと期待すべきでない」とも強調したのである[5]。すなわち習近平は，国際的な協調を基調とする「平和発展の道」を外交方針として継承するとしつつも，中国にとっての「核心的利益」が守られることをその前提条件としたのである。

---

(3)　2012年11月16日付け『人民日報』記事「人民対美好生活的向往就是我們的奮闘目標」による。
(4)　2012年11月30日付け『人民日報』記事「承前啓後　継往開来　継続朝着中華民族偉大復興目標奮勇前進」による。
(5)　2013年1月30日付け『人民日報』記事「更好統籌国内国際両個大局　務実走和平発展道路的基礎」による。

従来，中国の指導者や政府高官は，決して譲ることができないとされる「核心的利益」として，台湾やチベット自治区，新疆ウイグル自治区における中国の主権を維持することを掲げてきた。しかし近年の中国では，この「核心的利益」の対象範囲が拡大される傾向がみられている。たとえば2011年9月に国務院新聞弁公室が発表した『中国の平和的発展』と題する白書は，中国の公式文献として初めて「核心的利益」の定義を示した。これによると，中国にとっての「核心的利益」は，「①国家の主権，②国家の安全，③領土の保全，④国家の統一，⑤中国の憲法が確立した国家の政治制度と社会の大局の安定，⑥経済・社会の持続可能な発展の基本的保障を含む」とされている[6]。

　最近では，とりわけ海洋に関する主権や権益の擁護を「核心的利益」ととらえる見方が広がりつつある。2012年に南シナ海のスカボロー礁（黄岩島）の支配をめぐって中国とフィリピンの監視船が対峙した際には，スカボロー礁に対する中国の領有権を「核心的利益」ととらえて，フィリピン側に周辺海域から撤退するよう警告する論評が，『人民日報』や『解放軍報』などに掲載された[7]。2015年11月に米国のカーター国防長官と会談した常万全・国防部長は，「南シナ海問題は中国の核心的利益にかかわるものである」と明言した[8]。また，日本の領土である尖閣諸島についても2013年4月に，中国外交部の華春瑩報道官が，尖閣諸島問題は「中国の領土主権の問題であり，当然中国の核心的利益に属する」と記者会見で発言していた[9]。

　中国の新たな指導者となった習近平も，海洋権益の擁護を「核心的利益」とみなす立場を鮮明にした。2013年7月に開催された，海洋強国の

---

[6]　国務院新聞弁公室（2011）「中国的和平発展」（『人民日報』9月7日付）による。
[7]　たとえば，2012年5月9日付け『解放軍報』記事「中方做好了応対菲方拡大事態的各種準備」，鐘聲（2012）「菲律賓当有自知之明」（『人民日報』5月10日付），高吉全（2012）「休想搶走中国半寸領土」（『解放軍報』5月10日付）など。
[8]　2015年11月5日付け『解放軍報』記事「常万全会見美国国防部長卡特」による。
[9]　2013年4月26日付け『毎日新聞』記事「尖閣は『核心的利益』——政府当局者，初の公式発言——」による。

建設をテーマとした第8回中央政治局集団学習において、習近平は「国家の海洋権益を守るためには、海洋における権益擁護を総合的に検討する方式へ転換しなければならない。われわれは平和を愛し、平和発展の道を堅持するが、決して正当な権益を放棄することはできず、国家の核心的利益を犠牲にすることはなおさらできない」と発言した。そして、「各種の複雑な局面に対する準備をしっかり行い、海洋における権益擁護能力を高め、わが国の海洋権益を断固として守らなければならない」と指示したのである[10]。このように習近平は、海洋権益の擁護も含む「核心的利益」の確保を重視することを、外交における重要な方針として位置づけたのである。

2．活発化する海洋進出

　海洋における主権や権益の擁護を重視する指導者の意向を背景にして、中国は関係諸国との摩擦を顧みない強引な海洋進出を推進した。南シナ海において中国は、2012年6月に海上法執行機関の監視船を用いてスカボロー礁の支配をフィリピンから奪い、1995年に同じくフィリピンからミスチーフ礁（美済礁）の支配を奪取して以来17年ぶりに、南シナ海で新たな岩礁への支配拡大を実現していた。習近平が総書記に就任したのちの2013年5月には、ミスチーフ礁に隣接するセカンドトーマス礁（仁愛礁）に対して、中国は圧力をかけ始めた。フィリピンはセカンドトーマス礁に用済みの揚陸艦を座礁させ、そこに海兵隊員を常駐させて実効支配を維持してきた。この海兵隊員に対するフィリピン軍による食糧などの補給活動を、中国の監視船や軍の艦船などが妨害し始めたのである。
　2014年5月に、中国がベトナムと領有権を争っているパラセル諸島（西沙群島）の南部海域で、中国の巨大な石油掘削リグ「海洋石油981」が掘削作業を開始した。中国側は海上法執行機関の監視船に加えて海軍の艦艇

---

[10]　2013年8月1日付け『人民日報』記事「習近平在中共中央政治局第八次集体学習時強調　進一歩関心海洋認識海洋経略海洋　推動海洋強国建設不断取得新成就」による。

も動員し、100隻を超える船舶を投入して、この作業の中止を求めたベトナム海洋警察の監視船や漁船による抗議を実力で封じ込めた。その過程で中国側の船舶は、ベトナム側の船舶に対する放水や体当たりを繰り返し、体当たりされたベトナムの漁船が転覆するなど、負傷者が出る事態も発生した。

　南シナ海で中国は、領有権や海洋権益をめぐって対立しているフィリピンやベトナムだけでなく、この海域で活動している米軍に対しても挑発的な行動をとるようになった。2013年12月、海南島沖の国際水域において、米海軍の巡洋艦カウペンスに対し中国海軍の揚陸艦が意図的に接近し、その航行を妨害する事件が発生した。カウペンスは、この海域で演習を行っていた中国の空母「遼寧」を中心とした中国海軍艦艇の動向を監視していたが、中国の揚陸艦はカウペンスに対し現場海域を離れるよう要求し、カウペンスの前方を遮る形で100ヤードまで接近した。カウペンスは衝突を避けるために、緊急回避行動をとらざるを得なかったという[11]。また、2014年8月には、海南島の東方沖の上空を飛行していた米海軍のP-8対潜哨戒機に対して、中国軍のJ-11戦闘機が6メートルの距離まで異常に接近したり、P-8の前方で急上昇するなどの危険な飛行を行い、きわめて挑発的な行為であるとして米国が中国側に抗議する事態も発生した[12]。

　中国による強硬な海洋進出は、東シナ海でも加速した。中国は尖閣諸島に対する日本の領有権への挑戦姿勢を強めており、2012年9月から公船を頻繁に日本の領海内に侵入させるようになった。東シナ海における中国海軍艦艇の動きも活発化し、日本に対する圧力を次第に強めるようになった。たとえば2013年1月には、東シナ海で行動していた海上自衛隊の護

---

[11] *Washington Times*, "U.S. Navy-China Showdown: Chinese Try to Halt U.S. Cruiser in International Waters."（2013年12月13日付）、"News Transcript: Department of Defense Press Briefing by Secretary Hagel and General Dempsey in the Pentagon Briefing Room."（2013年12月19日付, http://www.defense.gov/transcripts/transcript.aspx?transcriptid=5345）による。

[12] Amaani Lyle（2014）"DoD Registers Concern to China for Dangerous Intercept." *DoD News*（8月22日付）による。

衛艦に対して、中国海軍のフリゲートが火器管制レーダーを照射するという、一歩間違えば衝突を招きかねない危険な行為を行った。同年5月には、中国海軍に所属するとみられる潜水艦が、奄美大島、久米島、南大東島の接続水域を、潜没したまま航行した。2014年12月には、中国海軍の艦隊が東シナ海から大隅海峡を通過して太平洋に進出し、北上して宗谷海峡を抜けて日本海を南下する、日本を周回する航行を行った。

　中国による対日圧力は、海上だけでなく、東シナ海の上空でも強まっている。2013年11月に、中国国防部は東シナ海の上空に「東シナ海防空識別区」を設定したことを一方的に宣言した。国防部の声明によれば、日本の領空である尖閣諸島上空を含む広大な範囲に設定されたこの防空識別区において、飛行するすべての航空機に対して飛行計画を中国当局に事前に提出するよう要求し、中国側の指示に従わない航空機に対しては武力を用いた「防御的緊急措置」をとり得るとしている[13]。さらに中国軍は、東シナ海上空での具体的な行動においても挑発的な姿勢を強めている。中国軍は東シナ海上空における戦闘機や情報収集機などの活動を活発化させており、2014年5月には、東シナ海上空を飛行していた自衛隊機に対して、中国軍の戦闘機が30メートルまで異常に接近する危険な飛行を行った。

第2節　新たな外交理念の確立

1．新たな地域秩序の構築に向けた動き

　周辺海・空域への強引な進出を続け、地域諸国や米国との摩擦を高めた習近平政権は、他方でアジアにおける経済発展や安全保障において独自の指導力の発揮をめざす動きをみせるようになった。2013年10月に、中国共産党は「周辺外交工作座談会」を北京で開催した。以後5年から10年

---

[13] 2013年11月24日付け『人民日報』記事「中国宣布劃設東海防空識別区」による。

における中国の周辺諸国に対する外交政策の目標や基本方針などを確定することを目的としたこの会議で重要講話を行った習近平は、「中華民族の偉大な復興という中国の夢を実現するには、周辺外交工作をうまく行うことが必要」であり、「さらに発奮し、意気込んで周辺外交を推進し、わが国の発展のために良好な周辺環境を勝ち取らなければならない」と強調した。そして、周辺外交の戦略的目標として、周辺諸国との関係を全面的に発展させることで中国の発展にとって有利な戦略的チャンスの時期を活用すること、国家の主権、安全、発展の利益を守ること、周辺諸国との政治的関係を友好的にし、経済的なつながりを強化し、安全保障協力を強化することなどを指摘した。さらに具体的な政策として、経済面では周辺諸国とのインフラ相互連結の推進や、「シルクロード経済ベルト」と「21世紀の海上シルクロード」(一帯一路) の建設の推進、安全保障面では周辺諸国との安全保障協力の推進、地域の安全保障協力への積極的な参加などによる戦略的な相互信頼の増進を掲げたのである[14]。

　この会議に先立って習近平は、2013年9月に訪問したカザフスタンで行った演説において、「シルクロード経済ベルト」を共同で建設することを提案していた。この演説で習近平は、国境をまたぐ鉄道などの交通インフラを整備することによって、東アジアや南アジア、西アジアを通過し、太平洋からバルト海へとつながる輸送網を整備することや、関係諸国間の貿易の円滑化を図ること、各国通貨の直接流通を高めることなどを通じて、地域の経済発展を図るべきだと主張した[15]。その直後の10月にインドネシアを訪問した際に、国会で演説した習近平は、中国とASEANの間に「21世紀の海上シルクロード」を建設し、両者間の貿易を大幅に拡大することを提案した。習近平は「アジア・インフラ投資銀行」(AIIB) を設立して、ASEAN諸国とのインフラの相互連結を推進していくことや、中国が出資している中国・ASEAN海上協力基金を活用することでこの構想を

---

[14] 2013年10月26日付け『人民日報』記事「為我国発展争取良好周辺環境推動我国発展更多恵及周辺国家」による。
[15] 2013年9月8日付け『人民日報』記事「弘揚人民友誼　共同建設"絲綢之路経済帯"」による。

推進し、「中国・ASEAN 運命共同体」の構築をめざす考えを示したのである[16]。その後、中国はアジア諸国に AIIB への参加を呼びかけ、2014年10月には21カ国の参加を得て、北京において設立合意文書の調印式を行った。調印式に出席した各国の代表に対して習近平は、中国が「一帯一路」構想を推進し、AIIB の設立を主導することを通じて、「中国の発展がアジアと世界各国にさらなる恩恵を及ぼすよう努力する」と表明した[17]。

　習近平は、アジアにおける安全保障の協力枠組みについても、中国が主導的な役割を発揮していく意向を明確にした。中国は2014年5月に、アジア信頼醸成措置会議（CICA）の首脳会議を上海で主催した。CICA は1992年にカザフスタンが提唱して設立された、アジア地域の安全保障に関する多国間の対話枠組みであり、中国やロシア、インド、中央アジア諸国や東南アジア諸国など27カ国が正式に加盟している。2014年から2016年までの CICA 議長国となった中国の習近平国家主席は、首脳会議における演説で、アジアの安全を維持していくためには、主権尊重や内政不干渉などの原則に基づき、非伝統的安全保障問題への取組みを強化し、対話と協力を主要な手段とし、民生の改善も重視する「共同、総合、協力、持続可能なアジア安全保障観」を樹立しなければならないと訴えた。さらに習近平は「第三国に向けた軍事同盟の強化は地域の共同安全を維持するうえで不利である」と述べ、米国による同盟政策を暗に批判したうえで、「アジアの安全はつまるところアジアの人民によって守られなければならない」と主張した。そして、「CICA を全アジアをカバーする安全保障の対話と協力の土台とし、その基礎の上に地域の安全保障協力に関する新たな枠組みの構築を検討すること」を提案したのである[18]。

　習近平政権は発足直後から、「核心的利益」の擁護と伸長を重視する外

---

[16] 2013年10月4日付け『人民日報』記事「携手建設中国――東盟命運共同体――」による。

[17] 2014年10月25日付け『人民日報』記事「習近平会見籌建亜投行備忘録簽署儀式各国代表」による。

[18] 2014年5月22日付け『人民日報』記事「亜州相互協作与信任措置会議第四次峰会在上海挙行」による。

交姿勢を明確にし,とりわけ周辺の海・空域への強引な進出を実行することで,周辺諸国や米国との摩擦を引き起こした。他方で発足から1年ほどを経たころから,他国や国際社会との協調と協力に依拠して,新たな国際的秩序の構築において主導権の発揮をめざす外交方針を掲げ始めた。経済面では「一帯一路」構想を推進し,安全保障面では「アジア安全保障観」を提唱することで,習近平は新たな国際秩序の構築を図っているが,その重点的な対象は,「核心的利益」をめぐって対立を引き起こしている東アジアを含む自国の周辺地域である。この辺りから,習近平政権の対外政策における理念と実際の政策との間の矛盾が目立ち始めたといえるだろう。

2．習近平外交理念の登場

こうした矛盾をはらみながらも,習近平政権の対外政策を理論化し,習近平による外交理念へと昇華させる動きが次第に強まっていく。2013年末に『人民日報』によるインタビューに答えた王毅・外交部長は,「習近平同志を総書記とする党中央」が外交理論の革新を大いに推進し,「中国の特色ある外交理論体系」をさらに豊富にし,発展させたと指摘した。そのうえで,2014年における「中国の特色ある外交」の重点として,以下の5つを指摘した。第1は,米国やロシアなどとの間で,相互利益とウィン・ウィンの大国関係の枠組みを構築することである。第2は,政治,経済,安全保障などでの協力を通じて,周辺地域との関係を深化させ,「緊密な周辺運命共同体」を建設することである。第3は,アフリカやアラブなどの発展途上諸国との友好協力関係を強めることである。第4は,「一帯一路」構想や自由貿易の推進などを通じて,中国の経済改革につなげると同時に,「公平で合理的なグローバル経済ガバナンス体系」の構築を推進することである。そして第5に,中国が主催する国際会議を利用して,中国の国際的な影響力を強化することである[19]。中国共産党の対外交流を主管する対外連絡部の王家瑞・部長も2014年6月に,習近平同志を総書記とする党中央が,「中国の特色ある外交と実践」を主導し,新たな発展

と突破を手にしたと指摘した。そして，国際的なパワーバランスの変化を見据えて，世界や中国にかかわる問題について主導的に「中国の方案」を提出したり，中国共産党の国際社会における政治的影響力，世論上の競争力，イメージの親和力と道義的な共感力を高めたりするべきだと主張したのである[20]。

　習近平が主導する形で形成されつつあった外交理論が，「中国の特色ある大国外交」として共産党の公式な外交理論と位置づけられたのは，2014年11月末に開催された「中央外事工作会議」においてであった。国際情勢を全面的に分析し，中国の対外工作の指導思想，基本原則，戦略目標，主要任務を明確化することを目的としたこの会議において，習近平は「中国には自らの特色をもった大国外交が必要」であり，「わが国の対外工作に中国の特色，中国の風格，中国の気風をもたせなければならない」と強調した。そして，中国は平和発展の道を歩み，「協力とウィン・ウィンを核心とした新型の国際関係」の構築を推進すべきであると主張すると同時に，正当な権益は決して放棄することはできず，国家の核心的利益は決して犠牲にできず，領土・主権と海洋権益，国家の統一を断固として守らなければならないとも指摘した。さらに今後の周辺外交については，隣国とよく付き合い，隣国をパートナーとする方針を堅持し，周辺諸国との互恵協力と相互連結を深化させ，「周辺運命共同体」を打ち立てるよう要求した[21]。

　その後，「中国の特色ある大国外交」理論には，2つの点で新たな展開が生じた。ひとつはこの外交理論の構築における習近平の個人的な貢献が強調され，次第に習近平による外交理念として位置づけられるようになったことである。たとえば2015年2月に，外交部長の王毅は「習近平同志」が「中国の特色ある大国外交の新たな局面を切り開いた」と主張する論文

---

[19] 2013年12月19日付け『人民日報』記事「中国特色大国外交的成功実践――外交部長王毅談2013年中国外交――」による。
[20] 2014年6月3日付け『人民日報』記事「努力開創党的対外工作新局面――深入学習貫徹習近平同志関於党的対外工作重要思想――」による。
[21] 2014年11月30日付け『人民日報』記事「中央外事工作会議在京挙行」による。

を発表した。王毅によれば,「習近平同志は政治家と戦略家としての広い視野をもって,自ら外交工作のトップダウン設計と戦略の策定をはかった」。また,「習近平同志は改革者と開拓者としての大きな胆力をもって,外交理論の革新を推し進め,重大な突破を実現した」。さらに,「習近平同志は社会主義大国の指導者としての大きな度量をもって,国際社会において中国が大国の声を発し,大国の役割を果たすことを推し進めた」という[22]。

　もうひとつの新たな展開は,秩序の形成において主導権の発揮をめざす対象が,それまで重点がおかれていた周辺地域から,世界へと拡大しつつあることである。中国共産党中央政治局は2015年10月に,「グローバル・ガバナンスの構造と体制」に関する集団学習を開催した。この場で演説した習近平は,国際的なパワーバランスには深刻な変化が生じており,新興市場諸国と発展途上諸国の国際的な影響力が高まっていることは,「近代以来のもっとも革命的な変化である」と指摘した。同時に,戦争や植民,勢力範囲の分割といった方式を通じた列強による利益と覇権の争奪状況が,「制度と規則によって関係と利益の協調を図る方式」へと変化していると述べ,経済のグローバル化の進展に応じた,グローバル・ガバナンスの強化に向けた変革の重要性を強調した。さらに習近平は,このグローバル・ガバナンスの変革が,国際秩序と国際体系の長期的な状況における各国の地位と役割に関係するとの認識を示したうえで,「グローバル・ガバナンス体系における不公正で不合理な状況の変革を推進すべき」であり,「人類運命共同体を打ち立てる」などの主張を引き続き行うべきだと強調したのである[23]。

---

[22] 2015年2月12日付け『人民日報』記事「指導新形勢下中国外交的強大思想武器——読《習近平談治国理政》——」による。
[23] 2015年10月14日付け『人民日報』記事「推動全球治理体制更加公正更加合理為我国発展和世界和平創造有利条件」による。

第3節　かい離する外交の理念と現実

1．対立を招く東アジア外交

　前節でみてきたように，第1期習近平政権は各国との協力とウィン・ウィンを推進することによって，大きな変革に直面している既存の国際秩序を「公正で合理的」な秩序へと変えることをめざし，「人類運命共同体」の構築をスローガンに掲げて，その実現に向け中国が主導的な役割を発揮することを習近平の外交理念と位置づけた。この理念に沿う形で，実際に政策が展開されている面もある。たとえば，「一帯一路」構想の推進を通じて，中国は中央アジア諸国や欧州諸国との関係の深化を図っている。国連平和維持活動（PKO）への積極的な参加は，多くのPKOが展開されているアフリカにおいて，中国の影響力の拡大につながっているように思われる。

　しかしながら，習近平政権は東アジアにおいて地域諸国との対立を高めるような政策を同時にとっており，協力とウィン・ウィンを重視する習近平の外交理念は，足もとの東アジアに対しては定着していない。南シナ海における問題について，フィリピンは2013年1月に，中国の権利主張が国際法に違反していることの確認を求める仲裁裁判を，国連海洋法条約（UNCLOS）の規定に基づいて国際仲裁裁判所に求めた。中国はこの提訴に反発し，審議にも参加しなかったが，仲裁裁判所は2016年7月に裁定を下した。この裁定は，中国がいわゆる「九段線」を根拠に主張していた歴史的権利を全面的に否定し，中国がミスチーフ礁とセカンドトーマス礁においてフィリピンの管轄権を侵害していることを認定した。この裁定を受けて中国は，裁定は「紙屑にすぎない」として従わない立場を強調すると同時に，白書や政府声明の発表，公式メディアの論評掲載，外国の政府機関や研究者などによる中国の立場支持の強調などを通じて，中国政府の対応の正統性を国内外へ訴える「世論戦」を展開した。

　さらに中国は軍事力を誇示することで，裁定を受け入れない強い姿勢を

国内外に示した。裁定が下された直後に中国海軍は，南海艦隊による大規模な上陸演習を南シナ海で実施した。翌8月には，中国空軍の爆撃機，戦闘機，早期警戒機，偵察機，空中給油機などによる「戦闘パトロール」がスプラトリー諸島（南沙群島）とスカボロー礁の上空で行われた。空軍の報道官は，同様の「戦闘パトロール」を南シナ海上空で常態化させると指摘しており，今後も同海域における中国空軍の活動は活発化するだろう[24]。国連海洋法条約は，仲裁裁判は一方の当事者が参加しなくても審議が可能であり，その裁定は最終的だと規定している。国連海洋法条約の締約国は，仲裁裁判所の裁定に従う義務を有しており，今回の裁定に対する中国の対応は，国際法秩序に対する明確な挑戦といわざるを得ない。

　また中国は，南シナ海において軍事的な拠点の整備を続けている。2013年末ごろから，中国はスプラトリー諸島の複数の岩礁を大規模に埋め立てて人工島を造成し，そこで港湾や滑走路などの建設を推進している。ファイアリー・クロス礁（永暑礁），ミスチーフ礁，スビ礁（渚碧礁）では3000メートル級の滑走路が整備され，すでに運用が開始されている。米国の戦略国際問題研究所（CSIS）の研究グループによれば，中国がスプラトリー諸島において建設した7つの人工島すべてに対空機関砲や近接防御火器システム（CIWS）が配備された[25]。さらに飛行場のある3つの人工島には，先進的な地対空ミサイルの配備も進んでいるとみられている[26]。スプラトリー諸島における軍事拠点の整備が進めば，中国の海・空軍の南シナ海におけるプレゼンスの急速な拡大につながることが想定され，関係諸国の強い懸念を招くことになるだろう。

　中国は南シナ海において，米国との対立も深めている。米国は既存の国際法に基づいた「航行の自由」と「飛行の自由」の維持を重視しているが，

---

[24] 2016年8月7日付け『人民日報』記事「中国空軍多型主戦飛機赴南海戦闘巡航」による。

[25] AMTI/CSIS（2016）"China's New Spratly Island Defenses." 12月13日（https://amti.csis.org/chinas-new-spratly-island-defenses/）による。

[26] AMTI/CSIS（2017）"A Look at China's SAM Shelters in the Spratlys." 2月23日（https://amti.csis.org/chinas-sam-shelters-spratlys/）による。

中国はこれを否定する動きを続けている。中国は国連海洋法条約についての独自の解釈に基づき，中国の管轄権が及ぶ南シナ海における米軍の情報収集活動は違法であると主張しており，実際にこの海域における米軍の活動への妨害活動を繰り返している。先述したように，2013年12月には米海軍巡洋艦「カウペンス」に対して，中国海軍の揚陸艦が航行を妨害した。2014年8月には，南シナ海上空を飛行中だった米海軍のP-8哨戒機に対して，中国の戦闘機が危険な接近飛行を行った。2016年12月には，米海軍に所属する海洋調査船「バウディッチ」が運用していた無人潜水機を，中国海軍の艦船が奪取する事件も発生した。

中国は日本に対しても厳しい外交姿勢を示している。習近平政権は，国民の間における反日感情を刺激し，ナショナリズムを煽るような行動を繰り返している。中国は2014年に，いわゆる南京事件の犠牲者を国家として公式に追悼するため，12月13日を「国家公祭日」とすることを決定した。南京市で初めて行われた国家公祭日の式典で演説した習近平は，「30万人の無辜の民が殺戮された」と強調したうえで，侵略戦争の歴史を否定する態度や，侵略戦争の性質を美化するような言論に対して「高度に警戒し，断固として反対しなければならない」と主張した[27]。また習近平政権は2015年9月3日に，抗日戦争と反ファシズム戦争での勝利70周年を記念した大規模な軍事パレードを北京で実施した。天安門広場の壇上で習近平国家主席は，中国人民は「日本軍国主義の侵略者を徹底的に打ち負かし，中華民族が5000年あまりにわたって発展させた文明の成果を断固として守った」と指摘し，「この勝利によって，中国は世界における大国としての地位を再び確立した」と主張した[28]。

東シナ海における，中国による対日圧力も強まっている。2016年8月には，およそ300隻に上る中国の漁船が大挙して尖閣周辺海域に押し寄せ，

---

[27] 2014年12月14日付け『人民日報』記事「在南京大屠殺死難者国家公祭儀式上的講話」による。
[28] 2015年9月4日付け『人民日報』記事「在記念中国人民抗日戦争暨世界反法西斯戦争勝利70周年大会上的講話」による。

それに続く形で多数の中国海警局の監視船が日本の接続水域や領海に侵入する事態が発生した。最大で15隻もの監視船が接続水域に侵入した日もあり、日本政府は中国政府に強く抗議を行った[29]。他方で人民解放軍も、尖閣周辺海域でのプレゼンスを強化していく。2015年11月には、中国海軍のドンディアオ級情報収集艦が、尖閣諸島の南方の接続水域近辺を東西に往復航行する動きを見せた。2016年6月には、中国海軍のジャンカイⅠ級フリゲートが尖閣諸島の接続水域に侵入した。中国海軍の艦艇が、尖閣諸島の接続水域に侵入した初めての事態であった（図3-1参照）。

2016年12月には、宮古海峡を通過し東シナ海から太平洋へ向かった「遼寧」の僚艦から離陸したZ-9ヘリコプターが、宮古島領空に接近し、航空自衛隊がスクランブルで対応した。2017年1月には、海軍の爆撃機、早期警戒機、情報収集機が対馬海峡を通過して、東シナ海と日本海を往復する飛行を行った。さらに2017年8月には、海軍の爆撃機が東シナ海から宮古海峡を通過して太平洋へ出たのち、北東に進んで紀伊半島沖まで展開する飛行を行った。

図3-1　尖閣諸島の日本領海に侵入した中国公船の数

（出所）　海上保安庁発表資料より筆者作成。

---

[29]　「平成28年8月上旬の中国公船及び中国漁船の活動状況について」平成28年10月18日付（https://www.kantei.go.jp/jp/headline/pdf/heiwa_anzen/senkaku_chugoku_katsudo.pdf）による。

2．「運命共同体」の理念と現実

　これまでみてきたように，習近平政権はその1期目において新たな外交理論の構築を進めてきた。この理論の構築は，中国を含めた世界各国間の相互依存関係の深化を背景に，国際協調に軸をおいて平和の維持と発展の実現をめざす「平和発展の道」を前政権から継承しつつ，中国の「核心的利益」については決して妥協しないとの方針から始まった。その後，習近平政権は「一帯一路」構想を柱として周辺地域諸国との協力関係を深化させ，「周辺運命共同体」の構築を提起した。こうした過程を経て，習近平政権は「協力とウィン・ウィンを核心とした新型の国際関係」の構築を基盤とし，地域や国際社会における新たな秩序の形成において主導権の発揮を追求する「中国の特色ある大国外交」という外交理論を構築した。さらに習近平政権は，経済面にとどまらない国際秩序の見直しを主張し，「グローバル・ガバナンス」の変革を主導する姿勢を示すに至った。同時に，こうした外交理論の構築における習近平の個人的な貢献が強調され，「人類運命共同体」の構築をめざす習近平の外交理念が喧伝されるようになった。

　他方で，第1期習近平政権における実際の外交政策は，必ずしも協力と協調を基軸としたものではなかった。とりわけ「核心的利益」とされる領土・主権や海洋権益がからむ問題が集中している東アジアにおいては，力を背景にした強引な海洋進出を続けた。南シナ海ではフィリピンやベトナムなど周辺の発展途上諸国との関係悪化を招いた。東シナ海でも尖閣諸島に対する圧力の強化やナショナリズムの高揚を図り，日本との関係も冷え込んだ。韓国との関係も，北朝鮮による核実験への中国の対応や韓国へのTHAADシステム配備などをめぐり，大幅に悪化させてしまった。さらに，力を背景にした現状変更の試みや，海洋秩序に対する挑戦的な姿勢を受けて，米国の対中警戒感も高まり，南シナ海を中心に米中関係も対立の度が深まった。カンボジアなど東南アジアの一部の国や，中央アジア諸国との関係は良好に保っているものの，周辺諸国との間で「運命共同体」の構築

どころか，相互の信頼関係さえ築けていないと指摘せざるを得ない。

　このような状況の中で，第19回党大会の開催を10月に控えた2017年の中国外交では，「中国の特色ある大国外交」という理念を，国際社会における中国の影響力拡大や安定した周辺環境の構築といった習近平政権の外交的成果に結びつけることがめざされた。英国の欧州連合（EU）からの離脱決定や，米国で保護主義的な政策を掲げたトランプ氏が大統領に当選したことなどを受けて，グローバル化の行方に対する不透明感が高まる中で開催された2017年1月のダボス会議に出席した習近平は，グローバル化がもたらす利点を強調し，保護貿易主義に強く反対する方針を示した。また，地球温暖化対策に関する「パリ協定」について，中国がこれを支持する方針を強調した[30]。続いてジュネーブの国連代表部で開催された会議に出席した習近平は，「公正で合理的な国際秩序の構築」は人類の長年の目標であったと指摘したうえで，国際秩序における中小国や発展途上国の発言力を強化する「国際関係の民主化」を推進することや，主権の平等を旨とする国連を中心とした国際体系を断固として支持する方針を示した。そして，国連加盟国や国際組織とともに，「人類運命共同体」の構築に向けて努力していく意向を強調した[31]。国際秩序の変革において中国が主導権を発揮していく方針を，習近平自身が積極的に発信したのである。

　こうした方針を実践するうえで，中国が最も力を入れた政策が，「一帯一路」国際協力ハイレベル・フォーラムの開催であった。同年5月に，29カ国の首脳をはじめとする1600人を超える参加者を集めて，中国は「一帯一路」構想の推進をテーマとする初めてのフォーラムを開催した。開幕式で演説した習近平は，「各国は互いの主権，尊厳，領土保全を尊重し，互いの発展の道と社会制度を尊重し，互いの核心的利益と重大な関心を尊重すべき」であり，「一帯一路」構想の実現に不可欠な平和な国際環境を

---

[30]　2017年1月18日付け『人民日報』記事「共担時代責任　共促全球発展——在世界経済論壇2017年年会開幕式上的主旨演講——」による。

[31]　2017年1月20日付け『人民日報』記事「共同構建人類命運共同体——在聯合国日内瓦総部的演講——」による。

創出するために「協力とウィン・ウィンを核心とした新型の国際関係を構築しなければならない」と訴えた[32]。また，フォーラムの円卓会議において習近平は，「一帯一路」構想の国際協力の枠組みの中で，各国が「人類運命共同体の方向へと邁進すべきである」と訴えた[33]。習近平政権にとって「一帯一路」構想の推進は，「中国の特色ある大国外交」の理念を実践する最重要の手段となっているといえよう[34]。一方で，領土・主権や海洋権益などをめぐって対立してきた周辺諸国との関係の安定化や改善をめざす動きもみられるようになった。南シナ海問題に関して中国は「行動規範」の合意に向けたASEANとの協議を2016年後半に開始し，2017年5月には行動規範の「枠組み」について合意に達したのである（**表3-1**）。

表3-1　習近平外交理念と現実の政策との関連性

	外交理念と一致	外交理念と不一致
グローバル	国連平和維持活動（PKO）への積極的参加 温暖化対策の「パリ協定」を支持	国際仲裁裁判所による裁定受け入れを拒否
リージョナル	「一帯一路」構想の推進 南シナ海行動規範（COC）の交渉開始	尖閣諸島をめぐる対日圧力の強化 THAAD配備をめぐる韓国との対立 石油掘削リグをめぐるベトナムとの衝突 南シナ海における軍事基地の強化 米軍の行動に対する妨害行動

（出所）　筆者作成。

---

[32]　2017年5月15日付け『人民日報』記事「携手推進"一帯一路"建設——在"一帯一路"国際合作高峰論壇開幕式上演講——」による。
[33]　2017年5月16日付け『人民日報』記事「開闢合作新起点　謀求発展新動力——在"一帯一路"国際合作高峰論壇円卓会上演講——」による。
[34]　王毅（2017）「以習近平新時代中国特色社会主義思想引領中国外交開闢新境界」（『人民日報』12月19日）による。

3．中国外交の今後と課題

　2017年10月に開催された第19回党大会を経て，第2期習近平政権が始動した。党大会における報告で習近平は，現在の国際情勢について「世界の多極化，経済のグローバル化，社会の情報化，文化の多様化が深く発展しており，グローバル・ガバナンスの体系と国際秩序の変革が加速して進展している」との認識を示した[35]。そして今後の外交方針として「相互尊重，公平正義，協力とウィン・ウィンを核心とする新型の国際関係の建設を推進」し，「人類運命共同体」の構築をめざすことを再確認した。さらに習近平は「中国の発展はいかなる国家に対しても脅威とならない。中国はいかに発展しようとも，永遠に覇を唱えず，永遠に拡張を行わない」と主張し，周辺諸国に対しては善隣友好外交を展開する姿勢を強調した。「一帯一路」構想に関しては，報告の中で「『一帯一路』国際協力を積極的に推進する」としただけでなく，同大会で改正された党規約においても「『一帯一路』建設を推進する」と明記された[36]。第2期習近平政権は，これまでにも増して「一帯一路」構想を強力に推進していくことになろう。

　19回党大会で示された外交方針に沿う形で，第2期習近平政権は周辺諸国との関係改善に向けた政策をとるようになった。たとえば，2017年11月にマニラで開催された東アジアサミットでは，ASEANとの間で行動規範の案文の検討に入る方針を李克強首相が示した。日本に対する外交でも，関係改善に向けた修正の動きもみられる。2017年11月にベトナムのダナンで開催されたAPECサミットにおいて，安倍首相と会談した習近平国家主席は，歴史問題や台湾問題などに関する日本の言動にくぎを刺しつつも，両国関係を改善し発展させる必要性を指摘した。そして，両国が

---

[35] 2017年10月28日付け『人民日報』記事「決勝全面建成小康社会　奪取新時代中国特色社会主義偉大勝利──在中国共産党第十九次全国代表大会上報告──」による。
[36] 2017年10月29日付け『人民日報』記事「中国共産党章程（中国共産党第十九次全国代表大会部分修改，2017年10月24日通過）」による）。

実務協力の水準を高め，地域経済の一体化を推進するとともに，「『一帯一路』の枠内における協力を早期に実現するべき」だと発言したのである[37]。2018年4月に訪日して安倍首相と会談した王毅・国務委員兼外交部長は，中国が日本との関係改善を重視していることや，「一帯一路」構想への日本の関与の方法について具体的に検討する方針を示した[38]。THAADの配備問題をめぐって対立していた韓国との関係についても，2017年12月に中国は文在寅大統領の訪中を受け入れた。文大統領と会談した習近平国家主席は，「互いの核心的利益と重大な関心を尊重するという基本的な原則」の重要性を指摘し，THAADの配備に反対する中国の立場を強調しつつも，「『一帯一路』建設への韓国の参加を歓迎する」と述べ，中韓関係の改善に期待を示した。第2期習近平政権は，「一帯一路」構想における協力を呼び水として，これまで悪化してきた日本や韓国といった周辺諸国との関係の改善を図っているのである。

しかしながら，第2期習近平政権は「核心的利益」の確保を重視する姿勢も引き続き堅持している。第19回党大会の報告でも，習近平は「中国は決して正当な権益を放棄することはなく，中国に自らの利益を損なう苦い結果を受け入れさせるなどという幻想を誰も抱くべきではない」と述べている。実際に中国は，南シナ海では人工島における軍事基地の建設を着々と進展させている。CSISの報告によれば，中国は2017年の間にファイアリー・クロス礁やスビ礁などにおいて大規模な地下倉庫や，戦闘機の格納庫，さまざまな種類のレーダー施設などを新たに建設し，本格的な軍事基地の完成に向けた動きを続けている。人民解放軍の活動も活発であり，2017年12月には空軍の輸送機であるY-9が大陸西部の基地から離陸し，数千キロを飛行して南シナ海の島嶼に物資を投下したのちに帰還する，初の遠距離輸送投下訓練を行った。2018年4月には，中国海軍が南シナ海において大規模な海上閲兵式を行った。空母「遼寧」をはじめとする48隻の水上艦艇と76機の軍用機，1万名を超える兵士が参加した海軍史上

---

[37] 2017年11月12日付け『人民日報』記事「習近平会見日本首相安倍晋三」による。
[38] 2018年4月17日付け『人民日報』記事「日本首相安倍晋三会見王毅」による。

最大規模となったこのパレードを検閲した習近平主席は，「強大な人民海軍を建設することは，中華民族の偉大な復興を実現するうえでの重要な保障である」と指摘し，海軍に対して「国家の権益を断固として守る」よう要求した[39]。

　日本周辺の海空域における人民解放軍の活動も強化されている。2017年12月には，空軍の爆撃機，戦闘機，情報収集機が東シナ海から日本海へ展開する飛行を行った。さらに2018年1月には，中国海軍のフリゲートとともに，原子力潜水艦が潜没したまま尖閣諸島の接続水域を航行したのである。中国海軍の水上艦艇による尖閣諸島接続水域での航行は2回目，潜水艦による潜没航行は初めてのことであった。日本の領海に近接する接続水域を，外国の潜水艦が潜没したまま航行するのはきわめて挑発的な行為である。中国海軍が今後も同様の行動を続ければ，尖閣諸島をめぐる日中間の緊張が高まることは避けられないだろう。

　第2期習近平政権の対外政策は，アジアのみならずグローバルな秩序の形成における中国の発言力の強化を追求して，「人類運命共同体」の構築と「新型の国際関係」の樹立を柱とする「中国の特色ある大国外交」という理念の実現に向けたものとなるだろう。同時に，領土・主権や海洋権益などの確保と拡大をめざして，周辺地域における軍事的なプレゼンスを強化し，時には摩擦を抱える周辺諸国に対して政治的，経済的，軍事的な圧力をかけることも辞さない姿勢もとると思われる。今後の中国外交の最大の課題は，第1期習政権において顕著にみられた，協調と協力を重視する外交理念と，「核心的利益」の追及が生み出す周辺諸国との対立を招いてきた実際の政策との溝をいかにして埋められるかにあるといえよう。第2期習近平政権が，関係諸国に歓迎される形で「一帯一路」構想を推進し，また周辺諸国との対立を生む強引な「核心的利益」の追求を自制して，自らが掲げる外交理念に沿った一貫した政策を推進できるか否かが，国際社会における中国の評価と影響力を大きく左右することになるだろう。

---

[39] 2018年4月13日付け『人民日報』記事「習近平在出席南海海域海上閲兵時強調深入貫徹新時代党的強軍思想把人民海軍全面建成世界一流海軍」による。

第3章　揺れ動く対外政策と今後の課題

おわりに

　第2期習近平政権の外交においての構造的な課題はこれまで論じてきたとおりであるが，中国外交がいま直面している最大の課題は，北朝鮮問題への対応である．今後の朝鮮半島情勢の展開はあまりに不透明であり，中国の対応を展望することは不可能であるが，中国外交に対する北朝鮮問題のインプリケーションについて，最後に補論として若干の検討を試みたい．
　核実験と弾道ミサイルの発射実験を繰り返す北朝鮮が，核・ミサイル開発を急速に進展させ，米国や同盟諸国の安全を直接脅かす可能性への懸念を強めた米国のトランプ政権は，経済的・軍事的な圧力を最大化することによって北朝鮮に非核化を受け入れさせる方針へ舵を切った．これによって，中国は少なくともふたつの深刻なリスクに直面することになった．第1は，中国の安全保障に対するリスクである．米軍が朝鮮半島周辺で大規模な演習を行うなど，北朝鮮に対する軍事的な圧力を本格的に高めたことにともなって，北朝鮮をめぐって軍事的な衝突が発生する可能性も出てきた．もし戦争となれば，北朝鮮からの難民の流入や，韓国による北朝鮮の吸収統一などが想定され，中国の安全保障や戦略的利益を大きく損なうことになりかねない．
　第2は，米国との関係悪化を招くリスクである．トランプ政権は北朝鮮に対する圧力を高めるために，中国に対して北朝鮮への経済的な制裁を強化するよう求めている．中国にとって，北朝鮮に対する経済的圧力を強化することは，北朝鮮によるさらなる軍事的挑発や，中朝関係の悪化など，事態の緊張を高めてしまう懸念がある．他方で，米国が求める北朝鮮への圧力強化をなおざりにすれば，米国の失望と反発を招き，米中関係の悪化につながりかねないのである．
　今後，中国が米国や国際社会と協調して北朝鮮に対する圧力を強化しながら，核兵器を放棄した見返りとしての体制の保障や経済支援の提供を提示することで，金正恩指導部の核放棄に向けた決断を導くことにつながるとすれば，第2期習近平政権にとって大きな外交的成果となるだろう．北

121

朝鮮を存続させつつ軍事的緊張を緩和できるとともに，米国や日本，韓国などとの関係改善にもつながり，東アジアの安全保障秩序における中国の主導力を格段に向上させることになろう。ただしこうした対応には，軍事衝突につながる多大なリスクがともなうとともに，核・ミサイル開発に固執する金正恩指導部の説得というきわめて困難な課題を克服する必要がある。

　他方で中国には，北朝鮮による核・ミサイル開発を凍結することを条件に，米国に対して北朝鮮の非核化を事実上棚上げするよう促すという選択もありうる。米国にとっては北朝鮮による米国本土を核攻撃する能力の保有を阻止することができ，北朝鮮にとってはこれまで開発してきた核・ミサイル能力を確保できる利点がある。北朝鮮の核・ミサイル開発の凍結を担保するための査察メカニズムの構築や，朝鮮半島の緊張緩和に向けた交渉において，中国は主導権を発揮することができるだろう。仮に事態がこのような方向へ進展すれば，中国にとっては北朝鮮を存続させつつ緊張を緩和できるとともに，東アジアにおける米国と同盟国・パートナー国との関係の弱体化も期待できることになろう。

　もちろん北朝鮮をめぐる事態はきわめて流動的かつ不透明であり，中国が上記とはまったく異なる状況に直面する可能性も十分にある。いずれにしても北朝鮮問題への対応において中国は，リスクを回避するとともに，外交的成果につなげるチャンスとして活用することをめざすと思われる。

［参考文献］

＜日本語文献＞
飯田将史 2013.『海洋へ膨張する中国——強硬化する中国共産党と人民解放軍——』角川マガジンズ．
川島真編 2015.『チャイナ・リスク』岩波書店．
趙宏偉・青山瑠妙・益尾知佐子・三船恵美 2011.『中国外交の世界戦略——日・米・アジアとの攻防30年——』明石書店．

ナヴァロ, ピーター 2016.『米中もし戦わば――戦争の地政学――』(赤根洋子訳) 文芸春秋社.
三船恵美 2016.『中国外交戦略――その根底にあるもの――』講談社.

＜英語文献＞
Roy, Denny 2013. *Return of the Dragon: Rising China and Regional Security*. New York: Columbia University Press.
U.S. Department of Defense 2017. *Annual Report to Congress: Military and Security Developments Involving the People's Republic of China 2017*.
Steinberg, James and Michael E. O'Hanlon 2014. *Strategic Reassurance and Resolve: U.S.-China Relations in the Twenty-First Century*. Princeton: Princeton University Press.
Blackwill, Robert D. and Kurt M. Campbell 2016. *Xi Jinping on the Global Stage: Chinese Foreign Policy under a Powerful but Exposed Leader*. Washington D.C.: Council on Foreign Relations Press.
Ross, Robert S. and Jo Inge Bekkevold eds. 2016. *China in the Era of Xi Jinping: Domestic and Foreign Policy Challenges*. Washington D.C.: Georgetown University Press.

＜中国語文献＞
王毅 2013.「探索中国特色大国外交之路」『国際問題研究』(4) 1-7.
―― 2017.「中国特色大国外交攻堅開拓之年」『国際問題研究』(1) 1-10.
習近平 2014.『習近平談治国理政』外文出版社.
阮宗沢 2016.「人類命運共同体――中国的"世界夢"――」『国際問題研究』(1) 9-21.
中国現代国際関係研究院課題組 2016.「中国特色大国外交全面発力」『現代国際関係』(1) 12-18.

第 4 章

新たな対外開放とグローバル・ガバナンスの追求

大 橋 英 夫

はじめに

　1970 年代末に対外開放に転じてから，中国経済は輸出と直接投資を梃子に高度成長の軌道に乗った。なかでも，対外開放後に急増した外資系企業は，投資，輸出，雇用などの面で，中国経済に多大な寄与をなしてきた。2009〜2013 年を対象とした Enright（2017）の研究によると，外資系企業は中国の輸出の過半を占めるだけでなく，地元取引企業とその従業員の消費支出まで含めると，中国の GDP の 3 分の 1，雇用の 27％ を占めるという。ところが，対外開放後四半世紀を経た頃から，中国経済は「双子の黒字」（経常収支・資本収支）を背景とした過剰流動性の発生，過剰投資・過剰生産，資産価格の高騰，要素価格（賃金，地価，資源価格，為替レート）の急上昇など，いわば高度成長の副作用に直面した。対外的にも深刻な経済摩擦を抱えるなか，中国経済は投資・輸出主導型成長から消費・内需主導型成長への「発展方式の転換」を迫られることとなった。

　このような転換期に登場した習近平政権は，経済環境が急激に変化するなかで，自主的イノベーションによる生産性の向上をとおして，安定性を維持しつつ中高速の成長を追求している。それでは，2 期目を迎えた習近平政権において，対外開放にはどのような役割が期待されているのだろうか。すでに世界第 2 位の経済大国となった中国の対外開放は，中国経済にとどまらず，世界経済にどのようなインパクトを与えるのだろうか。本章では，世界貿易機関（WTO）加盟後の対外開放の大きな流れを確認した

うえで，これまで対外開放の焦点となってきた米国との関係，新たな展開が期待される「一帯一路」沿線国との関係，そして多角的な国際関係に対する中国のスタンスを検証しつつ，第2期習近平政権の対外開放の方向性を探ってみたい。

第1節　多角的国際関係への対応

1．WTO内の動き

1986年の貿易および関税に関する一般協定（GATT）への加入申請から15年を経て，中国は2001年末にWTO加盟を実現した。中国にとってWTOは，最後の未加盟の主要国際機関であり，WTO加盟は中国が国際社会に広く受け入れられたことを意味し，まずはその政治・外交的意義はきわめて大きかったと評価できよう[1]。

もちろん，その経済的意義もきわめて大きく，WTO加盟後，中国の輸出入はそれぞれ毎年20～30％増の伸び率を維持し，2009年以後，中国は世界第1位の輸出国，世界第2位の輸入国である。また1990年代末からは，中国のWTO加盟を見込んだ対中投資も急増し，中国の直接投資受入額は2002年に500億ドル台，2010年に1000億ドル台に達し，米国に次ぐ世界第2位の直接投資受入国となっている。WTO加盟後の経済実績をみるかぎり，中国はWTO体制の最大の受益者といっても過言ではない。

（1）少数国会合（G7）の地位

WTO加盟後の中国の動きは，既存の国際通商レジームの変革を求めるものではなく，基本的にはWTOの枠内での地位向上に努めるものだった。まず中国はWTOの意思決定に対して強い影響力を行使しうる地位を確保

---

[1] 中国の国際機関・協定への参加をとおしての国際経済秩序の受容については，大橋（2003b，第1章，第7章）を参照。

することに努めた。改革開放前から中国は途上国グループのG77，またWTO加盟後はWTO内の主要交渉グループのひとつであるG20（主要途上国グループ）を地盤として，途上国を中心に幅広い支持を動員してきた。

　WTOの意思決定は，①公式全体会議，②非公式会合，③グリーン・ルーム会合，④少数国会合へとレベルが上がっていく。20世紀末まで，つまりWTOドーハ開発ラウンド以前のWTOの少数国会合は"Quad"（カナダ，EU，日本，米国）と呼ばれた。しかし21世紀に入り，ドーハ開発ラウンド以後の少数国会合はG6（オーストラリア，ブラジル，EU，インド，日本，米国）となった[2]。そして2008年7月のWTO非公式閣僚会合において，中国は世界第2位の貿易国として少数国会合の一員となり，WTO内のG7を構成することになった。この頃から中国は，国際通商レジームの形成やルールの策定，経済危機に陥った国々の支援，途上国援助，さらには国際機関の組織改革などに積極的に関与するようになり，自らの権益の確保と国際的地位の向上に努める姿勢を明確にした。

（2）「非市場経済」の制約

　中国のWTO加盟に際しては，中国経済がいまだ市場経済の体裁をなしていないとの批判が相次いだ。そこで中国は，次の3つの経過措置に合意することにより，WTOへの早期加盟を実現した。第1は，中国の繊維製品に対するセーフガードであり，2008年末に終了した。第2は，経過的セーフガードであり，2013年末まで継続された。そして第3が，ダンピング判定方法に関する経過措置であり，加盟後15年，つまり2016年末にその終了が予定されていた。

　通常ダンピングといえば，輸出商品の価格とその国内販売価格との間に大きな差がある場合に，ダンピング・マージンが調査対象となり，審査を経てクロとなれば，アンチダンピング税（AD）が課される。ところが，

---

[2] G6はWTO内の主要交渉グループの代表国からなる。先進国グループの米国とEUに加えて，食料輸出国（ケアンズ・グループ）からオーストラリア，途上国グループからブラジルとインド，欧米との3極構成国・食料輸入国グループ（G10）から日本という構成である。

中国のような「非市場経済」の場合，国内価格に歪みがあるために，ダンピングを正確に判定することができない。そこで中国の輸出商品の価格を他の輸出国の同様の輸出商品の価格と比較して，ダンピングを判定するという方法がとられる。中国のWTO加盟後も，無差別を原則とするWTOではあるが，中国製品に対してはこのダンピング判定方法が適用されてきた。

ところが，この判定方法を用いれば，かなり恣意的なダンピング判定，あるいは法外なダンピング・マージンの設定が可能となる。そのためWTO加盟後，中国は「市場経済」の地位の認定を求めて，経済外交を続けてきた。しかしながら，経過措置が終了する予定の2016年を迎えて，まずEUがこのダンピング判定方法を継続すると逸早く宣言した[3]。日米両国もこれに同調したために，WTO加盟16年を経過しても，いまだ中国はダンピング判定では「市場経済」と認定されていない。このような課題を抱えつつも，世界最大の輸出国として，中国はWTO内で影響力を行使しうる地位を確立している。

2．FTA戦略

中国がWTO加盟を実現した頃，世界経済の潮流は大きな変化に直面していた。WTOでは，旧東側諸国など新規加盟国が急増し，交渉分野が飛躍的に拡大・多様化するなかで，コンセンサス方式による意思決定はきわめて困難となっていた。ドーハ開発ラウンド交渉が膠着状態に陥ると，多くのWTO加盟国は，少なくとも自由貿易の利益を享受し，貿易自由化の勢いを維持するために自由貿易協定（FTA）の締結に邁進した。中国も先進国を含む複雑な多角的交渉よりも，自らの経済力を存分に発揮しうるFTAに新たな利益を見出すようになった。

---

[3] もっとも，WTO加盟時の15年の経過措置が終了した後も中国を「非市場経済」として扱い続けることが困難となったために，EU委員会は国家補助などの「市場歪曲」の実態をADの認定基準とする方針を明らかにしている（European Commission 2017）。

（1）FTAに対する基本認識

2002年11月に中国とASEANは自由貿易協定（ACFTA）の「枠組み協定」に調印した。中国にとって初のFTAであるACFTAは，第1に，東南アジアで当時蔓延していた中国脅威論を払拭する手段とされた。第2に，1990年代末のアジア通貨危機のようなグローバルな問題に対応するには，伝統的な2国間外交では限界があるため，中国は多角的な地域協力への関与を強めるようになった。第3に，西側諸国と深刻な貿易摩擦を抱える中国は，輸出市場の多角化や新規市場開拓の手段としてASEANとのFTAに着目した。第4に，「大メコン圏（GMS）会議」など，ASEANとの地域協力は中国の地域（西部）開発の延長線上にあった。第5に，WTO加盟後，中国は経済改革をさらに推進するための「外圧」をFTAに求めた（大橋2003a）。

このような要因以外にも，資源外交やEU市場への参入の観点から，そして中国脅威論の払拭や両岸四地（中国大陸，香港，マカオ，台湾）の統一といった政治・外交面をも考慮に入れつつ，中国は国際的，また地域的に鍵となるパートナーとのFTA構築に努めるようになった。

（2）TPPへの対応

世界経済の潮流がFTAに転じると，環太平洋パートナーシップ協定（TPP）や環大西洋貿易投資パートナーシップ協定（TTIP）など，中国は広域かつ多国間にわたるメガFTAへの対応を迫られた。一般にメガFTAは，WTOを上回る自由化（WTOプラス）に加え，競争政策，国有企業，労働など，WTOにない新ルール（WTOエクストラ）にも踏み込んだ高度なFTAをめざしている。関税や輸出入管理などの国境地点での諸問題（on the border issues）にとどまらず，広範囲にわたる国内改革と不可分な諸問題（behind the border issues）にまで踏み込まざるを得ないメガFTAは，中国にとって相当ハードルの高い課題となった。結果として，中国は従来からの東アジア地域協力の延長線上にある東アジア地域包括的経済連携（RCEP）を優先する方針をとることになった。

当初，中国はTPPを「対中包囲網」の一環と認識した。とくに2010年

3月に米国がTPP交渉への参加を表明すると,中国はTPPを米国のアジア回帰・リバランス戦略の一環としてとらえた(大橋2016a)。しかしながら,2013年には中国共産党18期3中全会において「市場に決定的な役割を果たさせる」ことを主張する「全面的な改革深化」が採択される一方で,3月に日本がTPP交渉への参加を表明し,6月には米中首脳会談の開催など,中国がTPPに対する関心を高める機会が相次いだ。TPPが発効すると,中国は貿易転換効果をまともにこうむることとなり,TPP不参加による不利益は明白であった(**表4-1**)。またTPPで実施される予定の「地域ルール」の実効性が高まれば,将来的には「グローバル・ルール」となる可能性も高く,中国にはさらなる不利益が見込まれた。結局,中国はTPP不参加の不利益の軽減を図ることなく,自らの経済力を背景とした「一帯一路」構想の提起でTPPやメガFTAの潮流に対応しようとした。

表4-1 TPPとRCEPのGDP押し上げ効果(2007-2025年)

(単位:10億ドル)

	GDP2025 基本シナリオ	押し上げ効果				
		TPP	TPP16	TPP17	RCEP	FTAAP
米 国	20,273	76.6	108.2	327.6	▲0.1	328.2
中 国	17,249	▲34.8	▲82.4	808.6	249.7	837.1
日 本	5,338	104.6	128.8	237.3	95.8	233.1
韓 国	2,117	▲2.8	50.2	136.3	82.0	132.7
インドネシア	1,549	▲2.2	62.2	82.0	17.7	60.3
フィリピン	322	▲0.8	22.1	30.6	7.6	22.5
タ イ	558	▲2.4	42.5	64.9	15.5	43.7
世 界	103,223	223.4	450.9	1,908.0	644.4	2,358.5

(出所) Petri, Plummer and Zhai (2014)。
(注) TPP16 = TPP + 韓国 + インドネシア + フィリピン + タイ,TPP17 = TPP16 + 中国,FTAAP(アジア太平洋自由貿易圏) = APEC(アジア太平洋経済協力会議)加盟国全体の自由貿易圏構想。

3．自由貿易試験区の模索

　TPPへの対応に先立ち，中国は米国と2国間投資協定（BIT）の交渉に取り組んできた。BIT交渉では，相手国市場への参入条件や参入方法が主たる争点となるために，米中間の貿易・投資の自由化・円滑化がいっそう進展する契機になり得る。オバマ政権下の米国通商代表部（USTR）が公開した2012年BITモデルでは，TPPの交渉内容がほぼ網羅されていた。したがって米中BIT交渉の懸案をほぼクリアできれば，中国のTPP交渉への道も開け，貿易・投資の自由化・円滑化はさらに進展することが期待された。米中BIT交渉の焦点は，投資前の内国民待遇とネガティブリスト方式の導入である。しかし，米中BIT交渉は早期の合意を見出すことはできず，もちろん，中国がハードルの高いTPP交渉に直ちに参加する見込みがないことも明白であった。そこで中国は，TPPとBITの双方に対応しうる政策オプションとして，自由貿易試験区（自貿区）の建設に着手した。

（1）自貿区のねらい

　自貿区の建設は，2000年代半ば以後，上海，深圳，天津，成都，重慶などが既存の保税区の高度化，そして自貿区への転換を国務院に要求したことに始まる。上海などの地域政府主導で始まった自貿区建設であるが，上述したような意向を反映して，中央政府はこれを全国的な政策に引き上げるとともに，その対象地区を順次拡大していった（表4-2）。2013年6月に国務院に提出された「中国（上海）自由貿易試験区総体方案（草案）」によると，そのねらいは次のようにまとめられる[4]。

　第1は，さらなる対外開放，対外取引の自由化・円滑化を促進する機能をもつことである。外国からの投資に対するネガティブリスト方式の採用，参入前の内国民待遇の導入など，自貿区に本来期待されている役割である。同時に，金融・物流に代表される新たなサービス分野の対外開放，越境電

---

[4]　自貿区の概要に関しては，大西（2016）を参照。

子商取引に代表される新業態への対応，これらに合致した金融制度の改革，さらに投資プロジェクトの審査許可方式から届け出管理方式への転換など，貿易監督管理制度や投資管理制度の刷新・深化が図られている。

表4-2　中国自由貿易試験区の設立経緯

年　月	設　立　沿　革
2013年9月	中国（上海）自貿区が正式発足
2014年12月	国務院，上海自貿区エリア拡大＋広東省・天津市・福建省自貿区を決定
2015年4月	4つの自貿区の全体方案，深化方案が国務院より公布
2015年4月	広東省・天津市・福建省自貿区が正式に発足
2016年8月	中共中央・国務院，遼寧・浙江・河南・湖北・重慶・四川・陝西の7カ所での自貿区新設を決定
2017年4月	第三陣自貿区の全体方案が国務院より発表，第三陣自貿区が正式発足

（出所）　各種報道より筆者作成。

　第2は，新たな制度改革，対外開放分野，業態に対応した法制化や政府職能転換の加速化である。現在中国では，ごく普通の地方都市でも，外国企業の対中投資に関する手続きに限らず，地域住民に対してもワン・ストップで行政サービスを総合的に提供する行政サービスセンター（行政服務中心）が設けられるようになった。このような行政手続きのいっそうの制度化，簡素化，透明化につながるような「実験」が自貿区で進められてい

る。

　第3は，自貿区の「実験」成果の輻射・複製作用である。改革開放直後の経済特区などと同様に，自貿区には「実験」で得られた経験を広く全国に普及させることが期待されている。とりわけ上海は長江経済帯の経済発展，広東は汎珠江デルタ・粤港澳（広東，香港，マカオ）の経済協力，天津は京津冀（北京，天津，河北）の協同発展，福建は台湾との両岸関係の強化など，自貿区には後背地・近隣地域との有機的な関係の構築をめざす地域開発戦略上のねらいもある。

（2） 自貿区の「実験」

　自貿区発足後，まだ数年が経過しただけであるが，すでにいくつかの成果がみられる。たとえば，2014年に上海自貿区が導入した外資は，上海全市の外資導入額の約3割を占め，前年比26.8％増と大幅な増加をみせた。うち，融資・リース，研究開発，創業投資，Eコマース，物流などの第3次産業は全体の9割を占め，同年の上海の対外投資でも，自貿区が上海全市の対外投資の約3割を占めた。上海に続く広東，天津，福建の自貿区の成立後，2016年に4つの自貿区が導入した外資は，前年比81.3％増の130.4億ドルに達した。これは国土面積では全国の10万分の5にすぎない自貿区が，対中投資全体の10.8％を占めた計算となる（商務部新聞弁公室2017年1月13日付）。このように自貿区は外資導入や対外投資の量的側面では，確かに一定の成果を収めていると評価できよう。

　このほか，対外取引の自由化・円滑化については，まずネガティブリストの項目数が着実に減少している（**表4-3**）。また審査許可方式から届け出管理方式への移行は，2013年10月から上海自貿区で3年間の試行が始まり，2015年3月には広東，天津，福建自貿区にも広げられた。そして2016年10月には，自貿区で試行されてきた届け出管理方式の「実験」は打ち切られ，全国一律で届け出管理方式が本格的に導入された。

　このように自貿区の対外取引の自由化・円滑化に関しても，法制化・政府職能の転換，「実験」成果の輻射・複製作用などの面で，いずれも一定の成果が上がっていると評価できる。ただし，後述するように，自貿区発

足とほぼ同時に習近平総書記自らが提起した「一帯一路」構想により，もともと地方政府主導で進められてきた自貿区の対外開放は相対的に後退した感がある。またトランプ政権の成立後，米国がTPPから離脱したこともあり，TPP・BIT双方に対応しうる自貿区の位置づけも，同様にやや曖昧になりつつある。ただ，このような流れが鮮明となるなか，必ずしも対外開放に直結するわけではないが，自貿区で実施された行政改革面での「実験」の成果は着実に中国全土に広がりつつある。

表4-3 ネガティブリストにみる自貿区の自由化の進展

年月日	ネガティブリスト	項目	対象自貿区
2013年9月29日	「中国（上海）自由貿易試験区外商投資参入特別管理措置（2013年）」	190	上海
2014年6月30日	「中国（上海）自由貿易試験区外商投資参入特別管理措置（2014年改定）」	139	上海
2015年4月8日	「自由貿易試験区外商投資参入特別管理措置」	122	上海＋広東・天津・福建
2017年6月5日	「自由貿易試験区外商投資参入特別管理措置（2017年版）」	95	上海＋広東・天津・福建＋遼寧・浙江・河南・湖北・重慶・四川・陝西

（出所）各種報道より筆者作成。

第2節　米中経済関係の変容

1．対米依存度の低下

　戦後急速な経済成長を実現した日本やアジア新興工業経済地域（NIEs）と同様に，改革開放後の中国経済も工業製品の対米輸出を梃子として急速な経済成長を達成した。中国は日本やNIEsなどで生産された比較的高付加価値の部品や加工品を輸入し，その中間財を組立・加工のうえ最終財として米国向けの輸出を拡大してきた。中国が「世界の工場」に成長したのも，この「三角貿易」，なかでも米国の最終需要に依存するところがきわめて大きい。高度成長期の中国経済にとって，米国との経済関係はいわば死活的な意味をもっていた（大橋1998）。しかしながら，経済環境の急激な変化のもとで，中国の対米関係にも微妙な変化が生じている。ここでは，中国の5大貿易パートナー（米国，EU15，ASEAN，日本，韓国）を対象として，中国をめぐるモノの流れの変化を確認しておこう（図4-1）。

（1）輸出生産ネットワークの形成

　2008年のリーマン・ショックでは，中国経済は世界経済の「救世主」とされた。中国の経済成長に対する純輸出の寄与は大幅に低下したものの，中国経済において輸出はいまだにきわめて重要な役割を担っている。その輸出では，欧米諸国が引き続き主要な輸出市場であることに変わりはない。
　米国はとりわけ重要な市場であるが，対米輸出の増加はしばしば深刻な通商摩擦を引き起こしており，これまでの産業・商品構成で対米輸出をさらに拡大させる余地は年々狭まりつつある。一方，輸入，とくに最終財の輸入では，EUの存在が突出している。リーマン・ショックからの回復過程を含めて，中国市場はEU諸国に多大な機会を提供しており，近年EU諸国が中国への接近を強めていることは十分に理解できる。
　一方，改革開放初期に重要な役割を果たした日本，そして国交正常化後に中国に急接近した韓国との経済関係は，ときとして外交的軋轢の影響を

図 4-1 中国の財／国・地域別輸出入動向（1990-2015 年）

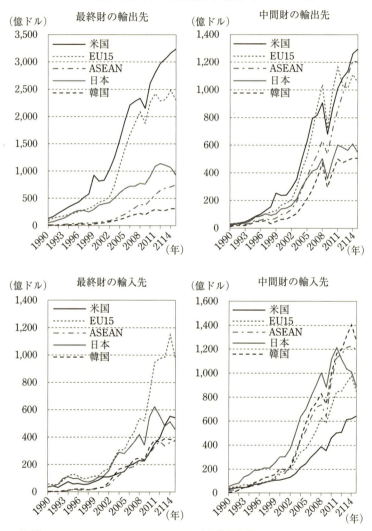

（出所）　RIETI-Trade Industry Database 2015 より筆者作成。

受けて，後退ないしは停滞気味である。それでも，リーマン・ショックに至るまで，日本は中国に対する資本財や部品・パーツの供給基地であった。もっとも，多くの日本企業が中国を含む東アジア諸国・地域において現地生産を進めたこともあり，日中間の直接取引はいわば停滞局面を迎えている。これに対して，韓国やASEANの中国向け中間財輸出は顕著な伸びを示している。中国とASEANの国際分業の深化は，中国のASEAN向け中間財輸出の急増からも明らかである。このように「世界の工場」となっている中国を中心とした東アジアの輸出生産ネットワークは，ハブとなる中国の産業構造の高度化をともないながら，さらなる進化を遂げている。そして日米欧韓の多国籍企業は，この輸出生産ネットワークの主たる担い手の役割を果たしているのである。

（2）相互依存関係の深化

中国の5大貿易パートナー以外でも，世界の資源輸出国が中国の膨大な資源需要に左右されている。たとえば，中国は世界の鉄鉱石輸入の3分の2を占めており，中国の鉄鋼業の動きは鉄鉱石の国際価格や輸出国の経済情勢に多大な影響を及ぼしている。またいったん工業化の軌道に乗りながらも，中国の資源需要のために再び資源輸出国に戻ってしまった途上国もみられる。もちろん，EUや米国も中国への中間財・最終財輸出を増加させており，中国は最終財の輸出拠点でありながら同時に世界の需要地となっている。

中国をめぐる大きなモノの流れとしては，太平洋貿易（米国，日本，韓国）に加えて，対ユーラシア（ASEAN，EU）貿易の比重が相対的に増しており，対外貿易の多元化・多様化の様相がますます鮮明となっている。とくにリーマン・ショック後は，中国経済が世界経済の牽引車となったことから，資本の動きなども考慮に入れると，中国経済が米国市場に大きく依存するという構図は徐々に変容し，中国による巨額の米国債保有にみられるように，ときとして米中の立場が逆転する局面も現れ始めており，文字どおり相互依存的な関係が形成されている。

2．貿易不均衡の常態化

（1）通関統計上の差異

　中国の対外貿易が構造的な変化を遂げるにともない，米国が従来から指摘してきた貿易摩擦の論理も，やや合理性を失いつつある。そのひとつが米中貿易不均衡である。2016年の米国の対中赤字は3470億ドルにのぼる。ただし，同年の中国の対米黒字は2506億ドルであり，両者には963億ドルもの差異がある。貿易不均衡の是正は米国側の一貫した主張であるが，その基本となる通関統計に大きな差異がみられるのである[5]。

　米中合同商業貿易委員会（JCCT）は，この貿易不均衡の非対称性の重大性に鑑み，米国商務省とUSTR，中国商務部と海関総署の4者からなる共同研究を実施してきた（JCCT 2009; 2012）。これによると，貿易収支に差異が生じる要因として，次の4点が指摘されている。第1に，米国では輸出はFAS（船側渡し価格），輸入はCV（課税価格）が採用されており，米中両国が採用している輸出入の取引条件が異なる[6]。第2に，米国の通関統計はプエルトリコやバージン諸島を包括しているのに対して，中国の通関統計では両者は別建てで掲載されるなど，通関統計の範囲が若干異なる。第3に，通関時期，原産国，為替レートなどにも差異がある。第4に，香港経由の再輸出，また香港の税関を通過せず，その港湾や決済機能だけを利用するトランスシップメント（転運）など，中国の対外貿易の過半を占めてきた加工貿易の取り扱い方が決定的に異なる。

（2）GVCの影響

　多くの先行研究が示しているように，米国の対中赤字は確かに巨額ではあるが，通関統計が示すほど大きくはない[7]。しかも近年では，物流・通信コストの大幅な低下を受けて，グローバル・バリュー・チェーン（GVC）

---

[5]　米中経済関係に対する米国側の見解はU.S.-China Economic and Security Review Commission（2017），中国側の見解は商務部（2017）を参照。

[6]　中国では，輸出はFOB（本船積込渡し価格），輸入はCIF（運賃・保険料込み価格）と，より一般的な取引条件が採用されている。

に基づく国際分業が広範に展開されている。フラグメンテーションと呼ばれるこの国際分業は，いまや工程間分業にとどまらず，タスク・作業間分業にまで及んでいる。このGVCのなかで，中国はおもに国外から原料，部品・パーツを導入し，最終財に組立・加工する最終工程を担ってきた。このような国際分業のもとでは，単なる最終財の2国間取引を取り上げるよりも，それぞれの生産段階で発生する付加価値に着目するほうが，より現実的な経済関係を把握することができる。このGVCの進展を受けて，付加価値貿易統計の作成も試みられるようになった[8]。そこで米中2国間貿易収支を付加価値貿易でとらえてみると，やはり中国の対米黒字の規模は通関統計の半分程度の水準にとどまる（**表4-4**）。

表4-4　中国の対米貿易（総額・付加価値）

（単位：億ドル）

	総額			付加価値			(2)／(1)
	輸出	輸入	(1)収支	輸出	輸入	(2)収支	（％）
2010	2,833	1,021	1,812	1,599	811	788	43.5
2011	3,245	1,221	2,024	1,877	950	927	45.8
2012	3,518	1,329	2,189	2,175	1,043	1,132	51.7
2013	3,684	1,523	2,161	2,303	1,196	1,107	51.2
2014	3,961	1,591	2,370	2,487	1,301	1,186	50.0
2015	4,092	1,478	2,614	2,638	1,209	1,429	54.7
2016	3,851	1,344	2,507	2,488	1,094	1,394	55.6

（出所）　中国全球価値鏈課題組（2017）より筆者作成。

---

(7)　先行研究については，Martin（2018）を参照。
(8)　付加価値貿易については，エスカット・猪俣（2011），UNCTAD（2013）などを参照。また広く利用可能な付加価値貿易統計として，OECD-WTO "Statistics on Trade in Value Added"（http://www.oecd-ilibrary.org/trade/data/oecd wto-statistics-on-trade-in-value-added_data-00648-en）を参照。

また米国の中国からの輸入のうち,米国企業の企業内貿易も増えており,2014年には米国の対中輸入全体の約3割に達している。さらに中国に立地する米国系企業の現地売上高は,すでに米国の対中輸出の3倍規模に達している。米国の対中輸出は確かに高い伸びを続けているが,それ以上に現地生産・販売が増加している。このような理由から,オバマ政権後期になると,米中貿易不均衡は対中交渉の優先アジェンダとしてはもはや取り上げられなくなった。このような貿易形態・分業体制をとらないかぎり,米国の製造業や消費者が多大な不利益をこうむることが明らかとなっていたからである。

　もとより,一国の経常収支はその貯蓄・投資バランスを反映している。現実はさておき,米国が貯蓄を増強し,消費を抑制しないかぎり,米国が経常黒字を計上することは理論的には不可能である。にもかかわらず,これまで米国が巨額の貿易赤字を維持できたのは,日本や中国の経常黒字が米国債の購入をとおして,ドルを買い支える形で米国に還流されてきたからである。しかしながら,このような構図が引き続き持続可能であるかといえば,やはり大きな疑問符をつけざるをえないであろう。

3．人民元の増価

　米中貿易不均衡の一因として,これまで米国では,中国は為替操作により輸出振興を図っているとの批判が議会を中心に繰り返されてきた。実際に2005年には,議会超党派がシューマー＝グラム法案,つまり人民元レートが切り上げられないかぎり,中国からの輸入品に27.5％の関税を課すとの法案が提出された。確かに国際決算銀行（BIS）の主要通貨の実質実効為替レートの推移をみると,1990年代半ばや2000年代前半の一時期は,人民元レートが過小評価であると批判されてもおかしくない局面がみられた。しかし中国は2005年7月に人民元改革を打ち出し,人民元の実勢化,つまり増価の方針を明らかにした（図4-2）。

　これ以後,人民元の対米ドル・レートは増価を続けた。もちろん中国人民銀行のこのような判断は,米国の圧力に屈したものではない。2000年

図4-2 主要通貨の実質実効為替レートの推移

(出所) BIS, "Effective Exchange Rate Indices" より筆者作成。

代半ばの中国は，経常黒字と外貨準備の急増のもとで過剰流動性が深刻な問題とされていた。為替レートの調整は，インフレ抑制をはじめとする経済運営の有力な政策手段である。こうして人民元は，2005年夏から2015年夏までの10年間に約50％増価した。そして2015年5月の中国とIMFの年次協議において，「人民元はもはや過小評価されていない」とのIMFのお墨付きをもらうことになった (*Financial Times*, 2015年5月27日付)。

ただ，2015年夏，世界経済は中国発の世界同時株安・通貨安に見舞われた。為替市場の混乱は，中国が人民元のSDR構成通貨入りを優先して，市場との対話を欠いたまま一方的に人民元を切り下げたことに起因する。人民元はもはや過小評価された通貨とはいえず，また2015年末頃からは人民元の流出懸念が強まったために，中国人民銀行はその買い支えに終始した。米国からの批判とは，まったく逆の対応を中国は強いられたのである。

4．トランプ政権の登場

経済のグローバル化は貿易自由化を促し，経済厚生の上昇をもたらすとされる。ところが，Autor, Dorn and Hansen（2013; 2016）によると，1990～2007年に中国からの輸入拡大により，中国製品と競合する産業が立地する地域では，失業の増加，労働参加率の低下，賃金の低下がみられ，社会保障給付が急増したという。またAcemoglu et al.（2016）によると，米国製造業の雇用減少の4分の1は中国からの輸入品に起因し，その数は1999～2011年に200～240万人に及ぶと推計されている[9]。このような労働市場の分極化にともなう格差拡大を考慮に入れると，貿易自由化はむしろ厚生価値の低下を招いているのではないかとの指摘もなされている。

2016年には，この分析結果が示しているような米国の経済情勢を背景にして，D・トランプ氏が大統領選挙を勝ち抜いた。2017年に成立したトランプ政権は，折からの北朝鮮の核兵器・ミサイル開発問題や最大の公約ともいえる税制改革に忙殺されて，必ずしも明確な対中政策が打ち出されたわけではない。しかし「米国第一」の保護主義的傾向の強いトランプ政権は，中間選挙を控えた2018年に入ると，従来からのADや相殺関税（CVD）に加えて，①通商法201条（セーフガード），②通商拡大法232条調査（国家安全保障の理由による輸入制限），③通商法301条調査（知的財産の侵害や技術移転の強要に対する報復措置）に基づく制裁措置を発動して，対中赤字の削減と国内雇用の拡大を訴えた。一方的な制裁措置の相次ぐ発動は，米中経済関係にとどまらず，WTOを中心とする多角的な自由貿易体制にも影響を及ぼすことが懸念されている。

---

[9] このほか，" The China Trade Shock: Studying the Impact of China's Rise on Workers, Firms, and Markets."（http://chinashock.info）掲載の論考を参照。

5．新たな争点としての国家資本主義

　トランプ政権の成立に先立ち，歴代の米国政権は急増する中国製品の輸入に対して，主として AD・CVD 調査の発動で応じてきた。ただ，上述したように，「非市場経済」からの輸入品には，通常とは異なる AD 判定方法が適用される。また CVD 調査は輸出補助金への対抗措置である。ここから，トランプ政権の「米国第一」に基づく一方的な制裁措置の発動にかかわらず，今後の米中経済関係では「非市場経済」や補助金など，中国経済の国家資本主義（state capitalism）的志向・慣行が焦点になるものとみられる（大橋 2017b）。

　政府が経済分野に積極的に介入をする体制，しかも経済的手段により国益を増進させようとする体制を I・ブレマーは国家資本主義と呼んだ（ブレマー 2011）[10]。たしかに米国からみると，中国企業は商業利益を追求しているのか，国家利益を追求しているのか判然としない。また，中国企業は各種補助金や政府の支援を得ており，中国企業との競争に際して，米国企業は公平・公正な市場競争を保障されていない。さらに，中国経済では大型国有企業が優位にあるが，米国社会では国有企業は非効率の象徴として認識されている。そのような非効率な存在が米国市場に参入すると，自由で競争的な米国市場が変質してしまうとの懸念もみられる。

　中国の国家資本主義に対する懸念は，中国企業の対米投資の増加により，さらに強まっている（大橋 2016b）。米国外国投資委員会（CFIUS）の国別審査では，2012 年以後，中国企業の対米投資案件の審査が最多となっている。なかでも華為や ZTE などの対米投資は，サイバーセキュリティ上の要請もあり，CFIUS 審査の主たる標的となっている。中国の国家資本主義的な動きに対して，米国政府はかなり神経質な対応を迫られている。

---

[10] 注(3)のように，EU 委員会も中国の「市場歪曲」的慣行を問題視しているが，たとえば，米国はエアバスに象徴される EU の政府・企業間関係にも批判的であり，米国と EU との間には国家資本主義に関して見解の相違がある。

第3節 「一帯一路」沿線国との関係

1.「一帯一路」構想の提起

2013年9～10月に習近平総書記は，訪問先のカザフスタンとインドネシアにおいて，「シルクロード経済ベルト」構想と「21世紀海上シルクロード」構想，すなわち「一帯一路」構想を提起した（**表4-5**）。一方，これに先立つ2011年9月にクリントン米国務長官（当時）は，アフガニスタンからの米軍撤退後の中央アジアの安定化を睨んで「新シルクロード構想」を提起していた。「一帯一路」構想は，この「新シルクロード構想」にみられる米国のアジア回帰・リバランス戦略への対案としての意味合いをもつ。同様に中国では，西部大開発の延長線上に位置する「西進」戦略が注目されていた。アジア太平洋方面への進出を強めれば，米国との正面衝突が不可避となる。そのためユーラシア方面に積極的に進出して，対米協調と新興市場の開拓を図るという構想であった[11]。

しかしトランプ政権の誕生後，ポスト冷戦期にみられた米国の一極主義は大きく後退し，米国は「米国第一」を追求し始めた。中国が「普遍的価値」と呼んで批判的にとらえてきたグローバリズムや民主主義も，これを随時棚上げにしながら経済的成功を勝ち取る途上国の政権が誕生するなど，米国に代表される西側先進国の価値観も動揺し始め，中国の対米認識にも大きな変化が生じている。改革開放期の中国経済にとって特別な存在であった米国市場の重要性が相対的に後退し，しかも貿易摩擦などを契機として，米国市場への参入もかつてほど容易ではなくなっている。このような背景のもとで，中国の経済外交では米国傾斜からの離脱，またユーラシア外交の重要性が相対的に高まっている。「一帯一路」構想は，転換期にある中国の経済外交に対する重大な問題提起でもある。

---

[11] その先駆けとなったのが，王緝思（2012）である。また王緝思（2012）も転載されている『撃水談』2014年春季（総第14期）の「西進」特集を参照。

第 4 章　新たな対外開放とグローバル・ガバナンスの追求

表 4-5　「一帯一路」構想の概要

基本原則	①主権尊重，相互不可侵，内政不干渉，平和共存，平等互恵の維持，②開放的枠組みの維持，③協調関係の維持，④市場メカニズムの維持，⑤ウィン・ウィン関係の維持
対象地域	東アジアと欧州の両経済圏を結ぶ構想，両者の中間に位置する広大な内陸地帯
重点分野	①政策協調，②インフラ（交通，エネルギー，通信）整備，③貿易・投資協力（円滑化，障壁削減，投資環境改善，FTA），④資金融通（通貨交換の拡大，アジア債券市場の育成，アジアインフラ投資銀行，BRICS銀行の推進，シルクロード基金の運営），⑤人的交流
協力体制	上海協力機構（SCO），ASEAN＋1（中国），アジア太平洋経済協力（APEC），アジア欧州会合（ASEM），GMS経済協力，中央アジア地域経済協力（CAREC）
実施体制	中国国内各地区の建設構想

（出所）　国家発展改革委員会・外交部・商務部（2015）より筆者作成。

2．「一帯一路」構想のねらい

（1）中国主導の広域地域経済圏の形成

　「一帯一路」構想の目的としては，新規市場の開拓，対外投資の展開，過剰生産能力の解消，地域経済の活性化，人民元の国際化，周辺外交の強化など，経済環境が急激に変化するなか，きわめて多岐にわたる。ただ，対外貿易の多元化や対外投資の増加を契機として，経済大国として中国が自らの権益を確保でき，しかも経済活動がしやすい環境づくりを模索し始めたことは間違いなかろう。ここから，「一帯一路」構想の根底には，まず中国主導の広域経済圏を形成するというねらいがみてとれる。

　広域経済圏の形成に不可欠な要素が，域内インフラ・ネットワークの整備である。「一帯一路」構想の具体的なプロジェクトとして，まず挙げら

れるのが道路，鉄道，港湾整備などである。なかでも注目されているのが，「中欧班列」と呼ばれる中国・欧州直通鉄道貨物輸送である。2011年の開通後，2017年9月までにすでに5000便以上が運行され，中国の33都市と欧州12カ国の33都市とが結ばれている。当初の貨物は携帯電話，パソコンなどのIT製品が中心であったが，いまやアパレル製品，自動車・同部品，食品，木材・家具，機械設備など，その内容も多様化している（人民網2017年10月11日付記事）。同時に，インフラ整備は中国企業が抜群の競争力を発揮しうる分野であり，「一帯一路」構想は中国の「対外請負工程」（外国での請負工事），建設・インフラ関連の産業・企業に新たな市場開拓の機会を提供している。このように，当面の「一帯一路」構想で注目されているのは，域内インフラ・ネットワークの整備など，直接的な建設需要である。しかし，その採算性が十分に検証されているのかに関しては問題点も指摘されており，プロジェクトの採算性リスクの発生も同時に懸念されている（李自国2017）。

（2）国際開発金融機関の設立

「一帯一路」構想の実施にあたっては，効果的なファイナンスが不可欠である。そこで中国は，すでに設立準備が進められてきた新開発銀行（BRICS銀行）に加えて，アジアインフラ投資銀行（AIIB）やシルクロード基金といった開発金融機関を相次いで設立した。このうち2016年1月に成立したAIIBは，中国主導の初の国際開発金融機関として注目されている。2017年12月末現在，その加盟国は，これまでアジアのインフラ整備を担ってきたアジア開発銀行（ADB）の67カ国を大幅に上回る84カ国に達している。過去2年間の投資プロジェクトは12カ国24件，融資総額は42億ドルにのぼる（人民網2018年1月18日付記事）。また2017年6月にはムーディーズからトリプルAの格付けを得ており，懸案となっていた資金調達の可能性も格段に改善した。

AIIBは経済性や迅速性を前面に打ち出し，途上国の意向に合致した運営をめざしている。もっとも，これまで中国の援助・開発支援がときとして「新植民地主義」[12]の批判を受けてきたように，はたしてAIIBのインフ

ラ・プロジェクトでは環境・社会面への配慮が十分になされるのか，プロジェクト費用を上回るほどの便益を保障することができるのかに関して，少なからぬ疑念が抱かれてきた。しかし成立後2年間を振り返ってみると，AIIBの事業は世界銀行やADBとの共同プロジェクトが多く，またその動向に国際的な関心が注がれていることもあり，高い透明性や説明責任，良好なガバナンスが維持されている。またプロジェクトの実施にあたっては，環境・社会的な配慮も十分になされていると評価できる。

　同様の目的で設立されたシルクロード基金，同じく援助・開発支援の担い手である中国輸出入銀行や中国開発銀行が採算性を求められているのに対して，AIIBはより譲許性の高い援助型プロジェクトを中心に事業展開をしている。もっとも，AIIBをはじめとして，中国が援助・開発支援機能を整備・強化しているという事実は，後述するように，OECDを中心とする既存の援助・開発支援分野の多国間レジームに対する中国の新たな挑戦と受けとめることもできよう。

（3）人民元圏の形成

　リーマン・ショックを契機として，中国は米ドルへの過度な依存を脱するために，また長期的には人民元圏の形成をめざして，人民元の国際化に取り組んでいる。人民元建ての貿易や直接投資の解禁，金利の自由化，資本規制の緩和，また通貨スワップ協定や人民元建て援助の拡大をとおして，人民元の計算単位，支払手段，価値保蔵手段としての機能，すなわち主要国際通貨としての条件を満たすべく努力がなされている。2010〜2015年にかけて，中国の貿易総額に占める人民元建て決済額の比率は2.4％から22.8％に上昇しており，人民元の国際化の進展ぶりがうかがえる。もっとも，国際銀行間通信協会（SWIFT 2018）によると，国際決済総額に占める人民元建て決済額の比率は，2017年12月に1.61％にすぎず，米ドル（39.85％），ユーロ（35.66％），英ポンド（7.07％）はいうまでもなく，い

---

[12] 2006年2月にナイジェリアを訪れた英国のストロー（Jack Straw）外相（当時）は，「中国がいまアフリカで行っていることは，英国が150年前に行ったことと同じである」と述べたという（Mohan and Power 2008）。

まだ日本円（2.96％）にも及ばない存在である。

　人民元が国際的な信用を有し，国際取引・兌換が可能な国際通貨をめざしているとはいえ，人民元の国際化はまだ始まったばかりである。ただ，「一帯一路」沿線国などに限定すれば，人民元の相対的地位はかなり高まる。「一帯一路」構想が掲げる人民元建てのプロジェクト，投資や金融取引が展開されていけば，また人民元レートが安定（増価）基調にあれば，「一帯一路」沿線国もより積極的に人民元を受け入れる条件が整う。地域限定的ではあるが，「一帯一路」構想にともない，自然発生的な人民元圏形成の可能性は十分に想定できよう。

（4）産業調整の推進

　「一帯一路」構想は，中国が競争力を有する産業，あるいは過剰生産能力を抱え産業調整に取り組んでいる一部産業に，新たな市場開拓の機会を提供する。中国政府は生産能力の調整，製造業・装備製造業の産業移転を「国際産能合作」と呼び，その基本方針として次のような重点産業分野と有望市場を掲げている（国務院 2015）。

　第1は，インフラ関連産業（建設，装備製造，建材・素材）である。「一帯一路」沿線国の多くは途上国・移行経済国であり，インフラ整備の潜在的需要はきわめて大きく，過剰生産能力を抱える中国の一部産業にも格好の市場を提供する。なかでも，港湾，空港，道路，鉄道の建設・運営，関連設備の製造，物流などは「一帯一路」構想の重点分野である。

　第2は，天然資源・エネルギー分野である。「一帯一路」沿線国は天然資源に恵まれており，その重要な戦略目標はエネルギーの安定供給の確保と，エネルギー供給源・供給ルートの多元化によるリスク分散である。また「一帯一路」沿線国は，石油・天然ガスのパイプラインや発電所の建設，電力関連設備の製造などでも有望市場である。

　第3は，「対外請負工程」である。上記の重点産業分野では，中国の建設・エンジニアリング企業が抜群の競争力を発揮しており，「一帯一路」沿線国においても積極的な対外請負工程プロジェクトが展開されている。

　もちろん，中国企業が国境を越えた産業移転を順調に進めるためには，

その受け皿が必要となる。すでに多くの「一帯一路」沿線国において，インフラと公共サービスの双方を提供しうる産業園区・境外合作区[13]の整備が進められている。2016年末現在，世界36カ国で77カ所の境外合作区の建設・運営が進められており，投資累計額241.9億ドル，入居企業数1522社，総生産額702.8億ドル，受入国納税額26.7億ドル，現地雇用は21.2万人にのぼる。うち，「一帯一路」沿線の20カ国では56カ所の境外合作区（投資累計額185.5億ドル，入居企業1082社，総生産額506.9億ドル，受入国納税額10.7億ドル，現地雇用17.7万人）が誕生している（21世紀経済報道2017年2月20日付記事）。中国の境外合作区の7割が「一帯一路」沿線国に立地していることからも，「一帯一路」構想の影響力の大きさがうかがえよう。

3．「一帯一路」沿線国との経済関係

「一帯一路」構想が世界的に注目されているにもかかわらず，中国と「一帯一路」沿線国との経済関係はまだ始まったばかりである。海関総署によると，2017年の中国と「一帯一路」沿線国との輸出入は7兆3700億元（前年比17.8％増），うち輸出は4兆3000万元（12.1％増），輸入は3兆700万元（26.8％増）であった。これは中国の輸出入総額の26.5％を占め，その伸び率は中国の輸出入総額の伸び率を3.6ポイント上回る。しかも，近隣アジア諸国・地域だけでも，すでに16カ国にとって中国は最大の貿易パートナーとなっている（人民網2018年1月12日付記事）。

中国と「一帯一路」沿線国とのモノの流れは，たしかに一定の規模に達している。しかし資本の流れ，具体的には，中国の対外直接投資に占める沿線国の比率はせいぜい1割程度にすぎない（**表4-6**）。「国際産能合作」（「一帯一路」沿線国以外を含む全体）でも，製造業投資は中国の対外直接投資全体の1～2割程度にとどまる。とくに2016～2017年には，中国が対

---

[13] 産業園区は工業団地，境外合作区とは，中国政府・企業が海外で展開する工業団地である。

外資本移動をかなり制限したこともあり，対外直接投資そのものが大きく落ち込む結果となった。一方，2017年には，中国企業が「一帯一路」沿線国で62件のM&Aを実施し，前年比32.5％増の88億ドルを投資している。これには，中国石油と中国華信投資によるUAEのアブダビ石油の株式12％の取得（28億ドル）といった大型案件が含まれる[14]。「一帯一路」沿線国との経済交流がさらに緊密となり，投資環境・投資対象の情報が広まるにともない，今後はこのような対外M&Aの拡大も見込まれよう。

これに対して，「対外請負工程」はきわめて活発に展開されている。「一帯一路」沿線国は，中国の「対外請負工程」の実に過半を占める主要市場であり，その市場シェアはさらに上昇傾向にある。総じていえば，中国と「一帯一路」沿線国との経済関係は，まだインフラ整備の初期段階にとどまっているといえなくもない。ただし「一帯一路」構想では，ファイナンス面での支援も十分に考慮されており，インフラ整備により中国と「一帯一路」沿線国との貿易・投資関係がさらに拡大・深化することが予想される。

今日の中国の対外開放は，改革開放初期にあった加工貿易振興のための対香港関係，資本・技術導入のための対日関係・対欧関係，輸出市場としての対米関係など，もはや単純な2国・地域間関係に基づくものではない。「一帯一路」沿線国との関係は，確かに個別の2国間関係ではあるが，いずれも「一帯一路」構想という多角的な国際関係のなかに位置づけられている。このように経済大国であることを意識する中国の対外開放では，多角的な国際関係がより重視されるようになっている。

---

[14] 中国商務部対外投資和経済合作司「2017年我対"一帯一路"沿線国家投資合作状況」2018年1月16日（http://hzs.mofcom.gov.cn/article/date/201801/20180102699459.shtml）。

第 4 章　新たな対外開放とグローバル・ガバナンスの追求

表 4-6　中国企業の「一帯一路」沿線国向け直接投資・対外請負工程の状況

【直接投資（非金融類）】

	対象国	投資額			主要投資先
		（億ドル）	前年比（％）	沿線国／全体（％）	
2015	49	148.2	18.2	10.2	シンガポール，カザフスタン，ラオス，インドネシア，ロシア，タイ
2016	53	145.3	▲ 2.0	8.5	シンガポール，インドネシア，インド，タイ，マレーシア
2017	59	143.6	▲ 1.2	12.0	シンガポール，マレーシア，ラオス，インドネシア，パキスタン，ベトナム，ロシア，UAE，カンボジア

【対外請負工程】

	対象国	新規契約項目数	契約額			営業額		
			（億ドル）	前年比（％）	沿線国／全体（％）	（億ドル）	前年比（％）	沿線国／全体（％）
2015	60	3,987	926.4	7.4	44.1	692.6	7.6	45.0
2016	61	8,158	1,260.3	36.0	51.6	759.7	9.7	47.7
2017	61	7,217	1,443.2	14.5	54.4	855.3	12.6	50.7

【参考：国際産能合作】

	製造業		(1)／対外投資（％）	装備製造業		(2)／(1)（％）
	（億ドル）(1)	前年比（％）		（億ドル）(2)	前年比（％）	
2015	143.3	105.9	12.1	70.4	154.2	49.1
2016	310.6	116.7	18.3	178.6	253.7	57.5
2017	191.2	▲ 38.4	15.9	108.4	▲ 39.3	56.7

（出所）　中国商務部対外投資和経済合作司（http://hzs.mofcom.gov.cn/article/date/，2016 年 1 月 21 日，2017 年 1 月 19 日，2018 年 1 月 16 日）より筆者作成。

第4節　グローバル・ガバナンスへの関与

1. 新段階を迎えた対外開放

（1）国際経済秩序と中国

中国の対外開放はその外交政策に大きく左右される。伝統的な中国外交は古典的な主権国家を軸とする2国間関係を基本としてきた。しかし，1990年代に大きな進展がみられたアジア太平洋経済協力会議（APEC）の貿易・投資の自由化・円滑化，中国のWTO加盟交渉を受け，また1990年代末のアジア通貨危機，そして2001年末のWTO加盟を契機として，中国は経済外交という新たな分野を視野に入れ始めた[15]。また経済外交の展開分野が2国間関係に収まらないことから，中国は多角的な国際関係に対する関心を同時に高めていった。

とくにWTO加盟後，中国は対外開放をさらに加速化させる一方で，既存の国際経済秩序に対して独自の見解を表明するようになった。もちろん今日の中国は，かつて毛沢東が提起したような新国際経済秩序をめざしているわけではない。ただ中国は，今日の主要国際機関・制度の構築過程にほとんど関与できなかったにもかかわらず，対外開放後は現行の多国間レジームに自らを適合させていかざるをえなかったことに少なからぬ不満を表明してきたのは確かである。中国が経済大国の道を歩むにともない，現行の多国間レジームに対するある種の違和感，あるいはレジーム内での居心地の悪さは徐々に顕在化しつつある。

（2）国際経済秩序への挑戦

中国の対外開放のスタンスに明らかな変化が認められるようになったのは，リーマン・ショック後に商務部研究院が発表した「ポスト危機時代の

---

[15] 清華大学国際問題研究所・経済外交研究中心編（2007），趙進軍編（2010）などを参照。

中国対外貿易発展戦略研究」（国際商報2010年4月21日付記事）である[16]。この研究では，リーマン・ショック後の対外経済政策のあり方として，貿易の「量」的拡大から「質」的改善への転換，多角的な地域経済協力の推進に加えて，受動的な国際分業主体から国際ルールの能動的な参加・策定主体への転換，具体的には，国際貿易ルール策定における主導権を高め，グローバル化と地域統合化における影響力を高め，重要商品の価格決定権，価格形成過程への影響力を高めることが提起されている。

　中国がこのような対外経済認識をもつに至ったのは，リーマン・ショック後，世界経済に対する多大な貢献にもかかわらず，中国は現行の多国間レジームに大きな変化をもたらすことができず，中国の国際的地位を引き上げる契機を見出すこともできなかったからである。より具体的な次元では，膨大な資源需要を有しながら，資源価格の決定にほとんど関与できない現実に対して，中国は一種の苛立ちさえ募らせていた。

　この頃から，中国外交では，鄧小平の遺訓である「韜光養晦」（能力を隠して時を待つ）の見直しが始まる[17]。この動きとも相まって，中国は国際経済分野におけるグローバル・ガバナンスへの関与を徐々に強めるようになった。経済大国として活動しやすい国際環境を求める実利的な関心から，また経済大国に期待される役割を意識して，あるいは中国の国際的地位の向上，さらには「中華民族の偉大な復興」にみられる「国威発揚」的な関心から，中国は既存の国際経済秩序への挑戦を試み始めた。

2．多国間レジームへの関与

　現行の主要な多国間レジームに対して，中国は当該レジームの強靱性や調整コストの多寡に応じて，古典的なA・ハーシュマン的な対応（exit, voice, loyalty）をとってきた（ハーシュマン 2005）。通商や通貨などの比較

---

[16] 原題は「后危機時代中国外貿発展戦略研究」。また『国際貿易』2010年第1期の特集「后危機時代中国外貿発展戦略之抉択」を参照。
[17] 「韜光養晦」の見直しに象徴される，新たな中国外交については，三船（2016）などを参照。

的ハードな多国間レジームについては，単独で秩序再構築のコストを負担することはできないために，中国が新たな多国間レジームを構築したり，既存のレジームを再編したりすることは事実上不可能である。そのため中国は，新たな国際規範の形成やルール策定に際して，その形成過程において影響力の保持・拡大を図りながら，新たなルールのもとで予想される義務の軽減化をねらっているかにみえる。

たとえば，国際貿易レジームでは，上述したように，WTO 内の G20（WTO 内の主要途上国グループ）から少数国会合のメンバーになることに努め，レジーム内でのリーダーシップの確立を優先した。また国際金融レジームでは，米ドル，ユーロ，円，英ポンドと同様に，人民元の IMF の特別引出権（SDR）構成通貨入りをめざした。SDR 構成通貨は，過去5年間の輸出規模（基準1）と「自由利用可能通貨」（基準2）の2つの基準をクリアする必要がある。2015 年 11 月に人民元は基準2に関して若干の問題を残しながらも，IMF では SDR 構成通貨となることが決定された。ここでも，多国間レジーム内でのリーダーシップが優先されたことになる。

一方，未成熟，あるいは形成過程にある多国間レジームに対して，中国は「異議申し立て」や「退出」も厭わない行動をとることがある。たとえば，サイバー空間，宇宙開発，技術開発・標準化などの未成熟，あるいは形成過程にある多国間レジームに関して，中国は基本的に独自路線を維持している。環境分野では，2009 年のコペンハーゲンでの国連気候変動枠組条約 15 回締結国会議（COP15）において，中国は温暖化の歴史的責任は先進国が負うべきであるとして，温室効果ガス削減義務に猛烈に反発した。ところが，2015 年末の COP21 で採択された気候変動抑制に関するパリ協定に関しては，米国のトランプ政権がこれを批判するなかで，中国はこれを批准することにより「責任ある大国」としてのアピールを強めた。このように，多国間レジームに対する中国のスタンスは必ずしも一様ではないが，その関与は確実に強まりつつある。

3．事例研究——援助・開発支援——

（1）基本理念の相違

多国間レジームに対する中国のスタンスを理解するための事例として，ここでは中国が独自路線を続けている援助・開発支援を取り上げてみたい。援助・開発支援での中国のプレゼンスの拡大にともない，中国は「対外援助白書」（国務院新聞弁公室 2011; 2014）を発表するなど，透明性を高め，説明責任を果たす努力を続けている。しかしながら，中国の対外援助は，OECD 開発援助委員会（DAC）加盟国と援助概念・実施体制が異なるために，「白書」の発表だけでは，その全体像が浮き彫りにされたとはいいがたい（下村・大橋・日本国際問題研究所 2013）。

DAC 加盟国に代表されるドナー・コミュニティと中国の援助に対する基本的な考え方は，次のような点で相当異なる（渡辺 2013）。第 1 に，ドナー・コミュニティが途上国の経済開発と福祉の向上を目的としているのに対して，中国は「対外援助八原則」[18]に基づく独自の援助理念を維持している。第 2 に，ドナー・コミュニティが開発モデルに基づく援助を実施しているのに対して，中国は特定の開発モデルの適用には内政不干渉の立場から否定的である。第 3 に，ドナー・コミュニティが高い贈与比率やグラント・エレメント（GE），アンタイドの援助を強調しているのに対して，中国は有償援助やタイドの援助を重視している。

このような基本理念からみても，中国が DAC 主導の援助・開発支援レジームと一線を画していることは明らかである。

（2）援助・開発支援の実績

中国の対外援助（多国間援助，2 国間優遇・無償借款）は，Kitano（2017）によると，2015 年に 61 億ドルにのぼる。DAC ベースでみると世界第 8 位，

---

[18] 中国が米国のみならず，ソ連との対立も抱え，非同盟諸国への接近を強めていた 1964 年に打ち出された対外援助の原則であり，①平等互恵，②主権尊重・無条件，③受入国の負担軽減，④自力更生・独立発展の支援，⑤最小投資・即効性，⑥中国物資の提供，⑦受入国の技術習得，⑧専門家に対する平等な待遇が掲げられている。

米独英日仏に次ぐ規模となり，スウェーデン，ノルウェー，オランダなどの欧州のミドル・パワーなみの規模，あるいはサウジアラビアやUAEなどの新興ドナーを上回る勢いにある。しかしながら，中国の援助・開発支援は，政府開発援助（ODA）の枠外で実施されている経済協力に特徴がある。

　ここでは，公開情報に基づくDreher et al.（2017）のAidDataデータベース（China's Global Development Footprint）により，中国の途上国に対する公的資金フローの流れを把握しておこう[19]。コミットメント・ベースではあるが，2000年以後の推移をみると，中国の途上国へのファイナンスは近年300億ドルを上回る規模，うちODAは50億ドル以上の水準にある（図4-3）。なかでも2009年は，中国開発銀行によるロシアの石油大手・ロスネフチとトランスネフチ向けの2件の大型融資プロジェクト（204億ドル＋136億ドル）が含まれるため，突出した規模となっている。

　ファイナンスの対象プロジェクトを産業別にみると，最大の融資先はエ

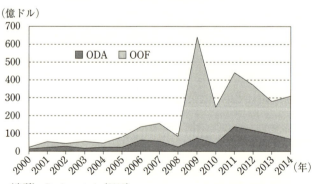

図4-3　中国の援助・開発支援の推移

（出所）　Dreher et al.（2017）。
（注）　ODA：GE（grant element）25％以上。OOF：GE25％未満。

---

(19)　このデータベースは，2000～2014年の15年間を対象としており，中国が供与した140カ国・地域の4373件，コミットメント・ベースで合計3543億ドルのプロジェクトを集計したものである。

ネルギー開発分野であり，上述したロシア向け融資のように，ODAではなくOOFベースで供与されている（表4-7）[20]。エネルギー開発に次ぐのが交通・運輸分野であり，中国の援助・開発支援におけるインフラ重視の姿勢がここからもうかがえる。一方，ODAで特記すべきは債務減免が相対的に高い比重を占めている点である。援助規律の観点から，若干気掛かりな点ではある。

具体的な援助・開発支援の受取国に関しては，地域的な偏在や特徴があるわけではない（表4-8）。総じていえば，2014年までのプロジェクトに基づくと，やはりアフリカ諸国への援助・開発支援が顕著であり，「一帯一路」沿線国が特別に重要視されているようにはみえない。ただし，中国企業の「一帯一路」沿線国向け対外請負工程が急増していることから（表4-6），「一帯一路」沿線国が中国の援助・開発支援の重点地区になりつつあることはうかがえる。

表4-7　中国の産業別の援助・開発支援

（単位：億ドル）

	ODA	OOF	その他	合計
農林水産	14	75	11	100
債務減免	123	—	7	130
通信	41	108	20	169
鉱工業・建設	44	223	36	303
交通・運輸	231	377	280	888
エネルギー開発	113	1,093	135	1,341
その他	245	288	80	613

（出所）　Dreher et al.（2017）より筆者作成。
（注）　その他は，公的ファイナンスであるが詳細不詳（ODA・OOF分類不能）。
2000～2014年累計。

[20]　ODAとOOFの定義は図4-3の注を参照。

表4-8 中国の援助・開発支援の主要受取国

ODA		OOF		公的ファイナンス	
国名	金額(億ドル)	国名	金額(億ドル)	国名	件数
キューバ	67	ロシア	366	カンボジア	168
コートジボワール	40	パキスタン	163	パキスタン	121
エチオピア	37	アンゴラ	134	ジンバブエ	120
ジンバブエ	36	ラオス	110	アンゴラ	110
カメルーン	34	ベネズエラ	108	スーダン	108
ナイジェリア	31	トルクメニスタン	101	タンザニア	101
タンザニア	30	エクアドル	97	ガーナ	95
カンボジア	30	ブラジル	85	ケニア	89
スリランカ	28	スリランカ	82	エチオピア	88
ガーナ	25	カザフスタン	67	スリランカ	86

（出所）　Dreher et al.（2017）より筆者作成。
（注）　2000～2014年累計。

（3）既存の援助・開発支援レジームとの関係

　中国企業の対外直接投資にも同様の傾向がみられるが，一般に中国の援助・開発支援はリスクに対する関心が相対的に希薄である。国際的な格付機関が定期的に発表しているカントリーリスク指標などからみて，融資がかなり困難と判断せざるをえない途上国に対しても，中国マネーは相当流入している。これらの途上国へのファイナンスは，プロジェクト自体のリスクに加えて，プロジェクト完成後の運営面でのリスクもあり，償還困難や償還不能に陥る可能性が高い（Dollar 2017）。

　既存の援助・開発支援レジームの観点からすれば，この点に関して中国の援助・開発支援には次のような課題がともなう。

　第1は，途上国の対外債務の増加にともなう債務危機への懸念である。巨額の中国マネーが途上国に流れ込むことにより，多くの途上国は対外債

務を増加させており，結果として債務危機を引き起こす可能性を潜在的に高めている。通常，債務危機に陥った国々はIMFに支援を求めることになる。この要請に応じてIMFが債務危機に陥った国々の支援に乗り出すことになれば，中国の援助・開発支援は間接的にIMFの負担を増加させる可能性がある。したがって中国には，途上国のリスクを十分に精査したうえで，援助・開発支援を実施することが求められる。

　第2に，既存の開発金融機関との関係である。中国マネーが途上国に対する資金フローのもうひとつの重要なルートになれば，途上国にとっては選択肢が相当広がることになる。しかしIMFや世界銀行などからの支援に際して，各種政策条件の履行が求められている途上国にとっては，中国マネーに依存することにより，場合によっては，政策条件の履行を反故にすることも可能となる。構造調整融資（SAL）が盛んに実施されていた頃の政策条件といえば，新自由主義的な，やや強引なまでの経済改革・構造改革が支援の見返りとして求められた。しかし今日では，透明性の改善，説明責任の履行，反腐敗活動の遂行など，DACドナー・コミュニティの「普遍的価値」が政策条件とされることが多い。おそらくこれらの点は，中国の援助・開発支援とは理念的にも相容れがたいところであろう。

　とはいえ，現時点では，中国が既存の援助・開発支援レジームの変革をめざしているとの兆候は見当たらない。もちろん，中国マネーに対する新たな需要がこれだけ存在するということは，既存の援助・開発支援レジームが不完全であることを証明しているともいえよう。とくに国際開発金融機関に対する先進国の増資と，これら機関における途上国の投票権の拡大は，まさに積年の課題となっている。また，中国によるAIIBの設立は，現行の援助・開発支援が途上国のインフラ需要に合致していないこと，経済成長に対するインフラ整備の重要性を再認識させていることから，きわめて重要な問題提起となっている。既存の援助・開発支援レジームが完全なものではないことを前提とすれば，中国が着手した一連の政策措置は，やはり援助・開発支援レジームに対する新たな挑戦といえるかもしれない。

おわりに

　2017年秋の中国共産党第19回大会における習近平報告では，2035年までに社会主義現代化を基本的に実現し，建国100年の2049年までに社会主義現代化強国を建設するという新たな目標が掲げられた（新華網2017年10月27日付）。それまでの習近平政権下の対外開放は，すでに従来とはやや異なる志向を示していた。新たな目標が提起されたことで，この傾向は第2期習近平政権の間にさらに強まることが予想される。

　現在の中国の対外開放は，特定の2国間関係の発展，資本や技術の導入という具体的な要請に基づいているわけではない。「強国」をめざす経済大国として，多角的な国際関係への対応が対外開放の主たる役割となりつつある。そのため第2期習近平政権において，中国はグローバル・ガバナンスへの関与をさらに強めていくものとみられる。もっとも，現時点では多くの多国間レジームにおいて，中国は既存のレジームに挑戦するというよりは，リーダーシップを発揮する地位を得ることにより，レジーム内での改革を志向しているかにみえる。しかしサイバー安全，技術・標準のあり方など，形成過程にある多国間レジームでは，中国がさらに独自性を発揮しうる余地が残されている。

　つぎに，対外開放の活動空間は，対外開放以来，中国が依存度を高めてきた日米両国をはじめとするアジア太平洋地域よりは，習近平政権が提起した「一帯一路」沿線国，ユーラシア方面に向かっているようにみえる。「一帯一路」構想とその沿線国との関係は，中国主導の広域経済圏の形成に向けての「実験」・「実践」の場という意味合いをもつ。さらに当面の対外開放では，対外開放の初期効果を受益して，すでに一定の成長を実現した産業・企業の構造調整，過剰生産能力を保有するにいたった産業・企業の生産調整という意味合いもある[21]。

　もうひとつ，TPPなどのメガFTAへの取組みや自貿区の建設にみられ

---

[21] 大橋（2017a）は，「一帯一路」構想を産業調整の観点からとらえている。

るように，第 1 期習近平政権では新たな段階を迎えた対外開放のあり方に関して，さまざまな模索が繰り返された。しかし第 2 期習近平政権の対外開放では，「一帯一路」構想を軸とすることがほぼ固まったとみてよい。ただ，王岐山・国家副主席，劉鶴・副総理，易綱・人民銀行総裁など，第 2 期習近平政権の指導幹部の顔ぶれをみるかぎり，対外開放でも米国や市場経済に対する目配りが引き続きなされていることにも留意すべきであろう。

このように高度成長を続けてきた中国経済にとって不可避となっている構造的な変化，そして習近平政権の党内・国内リーダーシップの確立がもたらした変化により，第 2 期習近平政権の中国の対外開放は新たな段階を迎えつつある。

最後に，新段階の対外開放のもとでの日本との経済関係について若干言及しておこう。ここでの焦点は，2017 年 11 月の財界代表の訪中に際し，榊原経団連会長が述べた「一帯一路を含むグローバルな経済協力」である。「一帯一路」構想に関しては，すでに民間ベースで中国・欧州直通鉄道貨物輸送を活用した物流の効率化，スマートシティを中心とする新型都市化などが，具体的な協力項目として挙がっている。しかしながら，日中関係を大きく好転させる契機となったのは，やはり 2017 年 6 月の安倍首相による「一帯一路」構想への参加表明である。その後，インド太平洋構想が同時に提起されるなか，安倍首相は 7 月のハンブルク G20 サミット時の日中首脳会談で，「一帯一路」は「ポテンシャルをもった構想であり，国際社会共通の考え方を十分とり入れて地域と世界の平和，繁栄に前向きに貢献していくことを期待している」と評価し（『朝日新聞』2017 年 7 月 8 日付），具体的には，2017 年 12 月に訪中した自民・公明両党幹事長との会談で述べたように，「個別の案件ごとに協力を検討していく」ことになるとした（『朝日新聞』2018 年 1 月 11 日付）。そして 2018 年 1 月の施政方針演説では「中国とも協力して，増大するアジアのインフラ需要に応えていく」（『朝日新聞』2018 年 1 月 23 日付）ことが表明された。ここから，「一帯一路」構想で日本の官民双方が関心を寄せている分野は，やはり個別に評価されたインフラ事業ということになる。

そこで，つぎに「一帯一路」構想のファイナンスの主役としてのAIIBとの関係も考えておく必要があろう。中国の援助・開発支援にかかわる他の政策銀行や各種基金と比べると，AIIBは比較的透明性が高く，ガバナンスも良好である。またAIIBは効率的なファイナンスを志向しており，途上国の対外債務や援助・開発支援にともなう環境・社会的問題にも配慮する姿勢を明確にしている。とはいえ，AIIBへの加盟，とくに日米両国の加盟に際しては，もちろん政治・外交などの非経済的要因にも配慮する必要がある。そもそも，屋上屋を重ねるような国際機関の設立を疑問視する声も根強い。しかし既存の援助・開発支援レジームを変革するよりは，既存のレジームの問題点を浮き彫りにするという意味において，また中国の他の援助・開発支援機関の透明性を高め，既存の開発金融機関との協調を促すという意味において，グローバルな規範にも目配りが可能なAIIBをとおした多国間レジームの改革は確かに注目に値する試みであると評価できよう。

　日中経済協力においてインフラ分野での協力が期待されているとしても，ファイナンス主体，事業体構成，資材供給源など，具体的なプロジェクトの実施段階では，中国との間でかなり周到な，時には相当骨の折れる調整が求められることになろう。にもかかわらず，「一帯一路」構想に代表される中国の新たな対外開放の動きは，日本を含む近隣諸国に多大な便益をもたらすことが期待される。

※本研究は，JSPS科研費JP15K03457の助成を受けたものです。

［参考文献］

＜日本語文献＞
エスカット，ユベール・猪俣哲史編 2011.『東アジアの貿易構造と国際価値連鎖――モノの貿易から「価値」の貿易へ――』アジア経済研究所.

大西康雄 2016.「特集 中国の自由貿易試験区——現状と展望——特集にあたって」『アジ研ワールド・トレンド』（249）2-3.
大西康雄編 2017.「『一帯一路』構想と中国経済」（政策提言研究報告書）アジア経済研究所.
大橋英夫 1998.『米中経済摩擦——中国経済の国際展開——』勁草書房.
―― 2003a.「東アジア経済の再編における日中の役割」『東亜』（427）32-41.
―― 2003b.『シリーズ現代中国経済5　経済の国際化』名古屋大学出版会.
―― 2016a.「TPPと中国の『一帯一路』構想——TPP合意とアジア太平洋通商秩序の新展開——」『国際問題』（652）29-39.
―― 2016b.「中国企業の対米投資——摩擦・軋轢の争点は何か——」加藤弘之・梶谷懐編『二重の罠を超えて進む中国型資本主義——「曖昧な制度」の実証分析——』ミネルヴァ書房.
―― 2017a.「新たな段階を迎えた対外開放」大西康雄編「習近平政権二期目の課題と展望」（調査研究報告書）アジア経済研究所.
―― 2017b.「トランプ米新政権の通商政策と中国の対応」21世紀中国総研編『中国情報ハンドブック（2017年版）』蒼蒼社.
下村恭民・大橋英夫・日本国際問題研究所編 2013.『中国の対外援助』日本経済評論社.
ハーシュマン，アルバート・O 2005.『離脱・発言・忠誠——企業・組織・国家における衰退への反応——』（矢野修一訳）ミネルヴァ書房.
ブレマー，イアン 2011.『自由市場の終焉——国家資本主義とどう闘うか——』（有賀裕子訳）日本経済新聞出版社.
三船恵美 2016.『中国外交戦略——その根底にあるもの——』講談社.
渡辺紫乃 2013.「対外援助の概念と援助理念——その歴史的背景——」下村恭民・大橋英夫・日本国際問題研究所編『中国の対外援助』日本経済評論社.

＜英語文献＞

Acemoglu, Daron, David Autor, David Dorn, Gordon H.Hanson and Brendan Price 2016. "Import Competition and the Great US Employment Sag of the 2000s." *Journal of Labor Economics*, 34 (S1): S141-S198.

Autor, David H., David Dorn and Gordon H.Hanson 2013. "The China Syndrome: Local Labor Market Effects of Import Competition in the United States." *American Economic Review*, 103 (6): 2121-2168.

―― 2016. "The China Shock: Learning from Labor-Market Adjustment to Large Changes in Trade." *Annual Review of Economics*, (8): 205-240.

Dollar, David 2017. "Is China's Development Finance a Challenge to the International Order?" November 9
(https://www.brookings.edu/wp-content/uploads/2017/11/fp_20171109_china_development_finance.pdf).

Dreher, Axel, Andreas Fuchs, Bradley Parks, Austin M. Strange and Michael J. Tierney 2017. "Aid, China, and Growth: Evidence from a New Global Development Finance Dataset." AIDDATA Working Paper, (46) October 10 (http://docs.aiddata.org/ad4/pdfs/

WPS46_Aid_China_and_Growth.pdf).
European Commission 2017. *Commission Staff Working Document: On Significant Distortions in the Economy of the People's Republic of China for the Purposes of Trade Defence Investigations.* December 20 (http://trade.ec.europa.eu/doclib/docs/2017/december/tradoc_156474.pdf).
Enright, Michael J. 2017. *Developing China: The Remarkable Impact of Foreign Direct Investment.* London: Routledge.
Fung, K.C. and Lawrence J. Lau 2003. "Adjusted Estimates of United States-China Bilateral Trade Balances: 1995-2002." *Journal of Asian Economics*, 14(3): 489-496.
JCCT 2009. *Report on the Statistical Discrepancy of Merchandise Trade between the United States and China.* Joint Commission on Commerce and Trade Statistical Working Group. October.
―――― 2012. *The Second Phase Report on the Statistical Discrepancy of Merchandise Trade between the United States and China.* Joint Commission on Commerce and Trade Statistical Working Group. December.
Kitano, Naohiro 2017. "A Note on Estimating China's Foreign Aid Using New Data: 2015 Preliminary Figures." May 26 (https://www.jica.go.jp/jica-ri/ja/publication/other/l75nbg00000bwb5v-att/note_20170601.pdf).
Martin, Michael F. 2018. "What's the Difference? Comparing U.S. and Chinese Trade Data." *Congressional Research Service.* RS22640. April 23.
Mohan, Giles and Marcus Power 2008. "New African Choices? The Politics of Chinese Engagement." *Review of African Political Economy,* 35 (115): 23-42.
Pelzman, Joseph 2016. *Spillover Effects of China Going Global.* Singapore: World Scientific.
Petri, Peter A., Michael G. Plummer and Fan Zhai 2014. "China in the TPP." February 4. (http://asiapacifictrade.org/wp-content/uploads/2012/10/Adding-China-to-the-TPP-4feb14.pdf).
SWIFT 2018. "RMB Tracker January 2018."（https://www.swift.com/file/47481/download?token=r7rNgb1u）.
UNCTAD 2013. *World Investment Report 2013 Global Value Chains: Investment and Trade for Development.* United Nations Conference on Trade and Development.
U.S.-China Economic and Security Review Commission 2017. *Report to Congress.* November.

＜中国語文献＞
国家発展改革委員会・外交部・商務部 2015.「推動共建絲綢之路経済帯和21世紀海上絲綢之路的愿景与行動」3月28日.（http://www.ndrc.gov.cn/gzdt/201503/t20150328_669091.html）
国務院 2015.「関於推進国際産能和装備製造合作的指導意見」5月13日.（http://www.gov.cn/zhengce/content/2015-05/16/content_9771.htm）
国務院新聞弁公室 2011.『中国的対外援助』4月.（http://www.gov.cn/gzdt/2011-04/21/content_1849712.htm）
―――― 2014.『中国的対外援助（2014）』7月.（http://www.gov.cn/xinwen/2014-07/

10/content_2715302.htm）
李自国 2017.「"一帯一路"：成果, 問題与思路」中国国際問題研究院. 8 月 12 日.（http://www.ciis.org.cn/chinese/2017-08/12/content_39079972.htm）
清華大学国際問題研究所・経済外交研究中心編 2007.『中国経済外交』北京　中国人民大学出版社.
商務部 2017.『関於中美経貿関係的研究報告』5 月 25 日.（http://images.mofcom.gov.cn/www/201708/20170822160323414.pdf）.
王緝思 2012.「"西進", 中国地縁戦略的再平衡」『環球時報』10 月 17 日.
中国全球価値鏈課題組 2017.『2010-2016 年中美貿易増加値核算報告』6 月.（http://gvc.mofcom.gov.cn/Tjbh/inforimages/201707/20170710144139979.pdf）.
趙進軍編 2010.『中国経済外交年度報告 2010──北京対外交流与外事管理基地叢書──』北京　経済科学出版社.

第 5 章

イノベーション駆動型発展戦略の登場と展望

丁　可

はじめに

　2010 年代に入って以来，中国経済の発展は次第に減速し，いわゆる新常態（ニューノーマル）という安定成長の時代に入った。これまでの中国の高度成長は資本や労働，土地といった生産要素の投入を中心とする「要素駆動型発展」によって実現した。しかし，この発展モデルには，環境汚染や低付加価値化，低品質といった問題がつきまとう。案の定，賃金や土地の価格が上昇しはじめると，その限界はすぐに露呈してしまった。

　こうした状況の中で，中国政府は経済発展を持続させ，産業構造の転換と高度化を図る新たな戦略を打ち出すようになった。2012 年に開催された共産党の第 18 回全国代表大会（以下，18 回党大会）では，「国内外の経済情勢の新しい変化に適応し，新しい経済発展方式の形成を加速させ，発展を推進する立脚点を質と効率の向上に転換させるべきだ」と初めて指摘した。そして，5 年後の第 19 回全国代表大会（以下，19 回党大会）の報告では，さらに「我が国の経済はすでに高度成長の段階から質の高い発展段階へ転換した。…（中略）…。品質第一，効率優先を堅持しなければならない。サプライサイド構造改革を主軸に，経済発展の質，効率，原動力の変化を推進し，全要素生産性を向上させなければならない」と明記した。19 回党大会の開催を契機に，「質の高い発展」（高質量発展）は中国の経済政策の焦点を象徴するキャッチフレーズとなった。

　中国政府が経済発展の質的向上を推進させるために最も重要視したのは

イノベーション活動の推進である。18回党大会では,「イノベーション駆動型発展戦略」(創新駆動発展戦略)を初めて発表し,イノベーションを「社会生産力と総合的国力を向上させる戦略的な支柱」,「国全体の発展の中核」として位置づけた。そして,2016年から始動した13次5カ年規画では,「イノベーション駆動」を「経済発展」「民生・福祉」「資源・環境」と並ぶ4大目標のひとつに掲げた。

　本章の目的は,「イノベーション駆動型発展戦略」をめぐり,中国政府は具体的にどのような政策をとってきたのか,企業としてはどのような対応をしたのか,19回党大会以降,これらの分野はどのような方向に向けて展開していくのか,を明らかにすることである。ここでは,とくに2015年の第12期全国人民代表大会第3回会議(以下,12・3期全人代)で発表した3つのイノベーションに関連する政策,すなわち①「大衆創業,万衆創新」(大衆による創業,万人によるイノベーション),②「インターネット+」,③「中国製造2025」に焦点を当てたい。①の目的は,起業を奨励することによって,新産業の創造をめざすことである。②の目的はインターネットという新たな技術手段を活用することによって,伝統産業の高度化を推し進めることである。③の目的は,情報産業などの新興産業との結合を通じて,製造業の全面的な構造転換と高度化を推進することである。この3つの政策は,いずれもそれまでの一部の中国企業の成功体験をふまえたものであり,中国全土での普及をめざすものである。そして,いずれの政策も国際的な関心を集めており,中国以外の国にも影響を及ぼしつつある。この3つの政策に注目することによって,イノベーションを原動力とする中国経済の新たな方向性を展望できるであろう。

　習近平総書記は,中央財経領導小組第7次会議(2014年8月18日)の講話で,イノベーション駆動型発展戦略について「企業のイノベーションにおける主体的な地位を堅持し,市場の資源配分における決定的な役割と社会主義制度の優位性を発揮し,技術進歩の経済成長への貢献度を強化し,新たな経済成長の原動力をかたちづくり,経済の持続的かつ健全な発展を推進する」と発言している。このように,イノベーションの主体である企業の対応に焦点を絞ることによって,中国経済の構造転換と高度化の全容

をうかがい知ることができる。以下では，3つの政策の要点を整理しながら，とくにこれらをめぐって中国企業はどのような取組みをしてきたのかを中心に解説していきたい。

第1節 「大衆による創業，万人によるイノベーション」

　「大衆創業，万衆創新」という概念は，李克強首相が2014年9月の夏のダボスフォーラムで初めて提起した。その後，国務院は，総額400億元に上る「国家新興産業創業投資指導基金」を2015年1月に設立し，2015年3月に開催された12・3期全人代で，李克強は「政府工作報告」において，「大衆による創業，万人によるイノベーション」を中国経済の継続的な発展を牽引する「ダブルエンジン」として位置づけた。さらに，2015年6月に「大衆による創業，万人によるイノベーションを強力に推進する若干の政策措置に関する国務院の意見」が発表され，2015年8月には国家発展改革委員会を中心に，「大衆による創業，万人によるイノベーションに関する省庁間合同会議制度」も設立された。2016年5月12日，国務院は「大衆による創業，万人によるイノベーションのモデル基地建設に関する実施意見」を発表し，創業に関連する資金や環境など9つの面の支援策を打ち出した。さらに，2017年7月27日に「国務院のイノベーション駆動型発展戦略の実施強化，大衆による創業，万人によるイノベーションのいっそうの発展の推進に関する意見」を発表し，科学研究成果の商業化，イノベーション活動の資金調達などに関して，より充実した政策措置をとった。

　政府の強力なリーダーシップのもと，中国において草の根レベルで起業とイノベーションを行う機運が一気に高まった。2015年に，全国の新規登録企業数が前年比21.6％増の443.9万社という新記録を達成したが，2016年にはさらに553万社に増え，前年比24.5％増となった[1]。起業支援

---

[1] 2015年のデータは，http://www.ce.cn/xwzx/gnsz/gdxw/201601/14/t20160114_8262633.shtml。2016年のデータは，http://www.gov.cn/shuju/2017-01/20/content_5161507.htm。2017年2月18日アクセス。

施設もおびただしい数で開設されるようになった。2015年3月9日，国務院弁公庁は「衆創空間の発展と大衆によるイノベーションと創業の推進に関する指導意見」を発表した[2]。この「指導意見」では政府による起業とイノベーション支援のポイントとして，①低コスト，便利，フルセットかつオープンな衆創空間を大量につくること，②イノベーションと起業の参入障壁を引き下げること，③科学技術者と大学生による創業を奨励すること，④イノベーションと創業のための公共サービスを支援すること，⑤財政資金による誘導を強化すること，⑥ベンチャー融資制度を改善すること，⑦イノベーションと創業活動を豊かにすること，⑧イノベーションと創業の文化的な雰囲気を醸し出すこと，という8つが掲げられた[3]。その結果，中国における衆創空間の数は，2015年の2300カ所から2016年には3400カ所近くにまで増えた[4]。

中国政府は，なぜイノベーション活動を起業，すなわちスタートアップと結びつけているのだろうか。その背景には，中国はこれまで新興産業において有力なスタートアップ企業を輩出させてきた実績が挙げられる。ハイテク産業の世界では，企業価値が10億ドル以上で未上場のスタートアップ企業のことをユニコーン（一角獣）企業と称している。実は，このユニコーン企業の育成に関して，中国はアメリカに次ぐ世界第2位の強国である。ユニコーン企業を専門に調査するCB Insightsの報告によると，2017年9月までに世界では214社のユニコーン企業がある。そのうち，アメリカ企業は127社で最多であるが，中国は59社で第2位を占めている。**表5-1**のとおり，毎年新規に出現するユニコーン企業の数では中国は当初，アメリカに大きな後れを取っていたが，近年はその差がほとんどなくなってきている。

---

(2) 「衆創空間」は中国独特の創業支援施設を指す用語である。この指導意見に記してあるとおり，その特徴は開かれた施設として，低コストかつ便利な形で起業活動を支援していることにある。

(3) http://finance.ifeng.com/a/20150309/13541091_0.shtml。2017年2月18日アクセス。

(4) 2015年のデータは，中国科技新聞記事（http://www.itmsc.cn/archives/view-96551-1.html）。2016年のデータは，中国経済ネット（http://www.ce.cn/xwzx/gnsz/gdxw/201701/19/t20170119_19707824.shtml）2017年2月18日アクセス。

第5章　イノベーション駆動型発展戦略の登場と展望

表5-1　新規ユニコーン企業数の米中比較（2017年9月末まで）

	世界の新規ユニコーン企業数に占める割合					ユニコーン企業数*
	2013年	2014年	2015年	2016年	2017年*	
アメリカ	75%	62%	45%	43%	41%	127
中国	0%	12%	28%	29%	36%	59
その他	25%	26%	27%	28%	23%	28

（出所）　CB Insights より筆者作成。
（注）　＊は，2017年9月末までのデータを基にしている。

表5-2　ユニコーン企業への成長期間に関する中米比較（1997-2015年）

成長期間	中国 （63社）	アメリカ （112社）
1年	11%	1%
2年	35%	8%
3年	11%	5%
4年	19%	16%
5年	5%	11%
6年	2%	8%
7年	5%	10%
8年	0%	12%
9年	6%	7%
10年	3%	4%
10年以上	3%	19%

（出所）　Boston Consulting Group et.al.（2017）より筆者作成。

中国におけるユニコーン企業の展開で興味深いのは，企業価値 10 億ドルという大台に乗るのに要する期間が非常に短いことである。表 5-2 は CB Insights とは別のデータベースをもとに行ったユニコーン企業分析の結果である。これをみると，1997 年から 2015 年までの間に，中国のユニコーン企業 63 社のうち，46％は 2 年以内に企業価値を 10 億ドル以上に伸ばした。一方で，アメリカの 112 社のうち，49％は 6 年以内にユニコーン企業へ脱皮した。この事実と密接に関連していると考えられるのは，中国の 63 社のうち，新しいビジネスモデルの構築（「応用駆動型イノベーション」）を中心に展開する会社は 90％にも上っているが，技術開発（「技術駆動型イノベーション」）を中心に展開する会社はわずか 10％にとどまっているという事実である。一方で，アメリカの 112 社の場合，同数字は 61％と 39％となっている（Boston Consulting Group et al. 2017）。後述するように，ビジネスモデルのイノベーションを中心に展開する中国企業のほとんどはインターネット企業である。ネットワーク効果などの要素が，これらの企業の急速な成長を可能にしたのである。

　中国においてスタートアップとイノベーションの関係を論じる際の特徴として，「大衆」や「万人」といったキーワードに象徴されるように，国民による政策への大規模参加を政府がよびかけている点が挙げられる。このことについては，ふたつの要因が指摘できる。まず，大衆参加を唱える背景には，産業の安定成長期に入った中国の厳しい就業環境に鑑み，起業によって自ら雇用の機会を創出させようとする政府の意図が潜んでいること，もうひとつは，大衆によるイノベーションへの参加を通じて，中国でのオープンイノベーションを推進するという政府の思惑である。

　Chesbrough（2006, 2）がオープンイノベーションについて的確に指摘しているように，知識は幅広く分布しており，最も有能な R&D 組織でも，イノベーションのコアのプロセスにおいて外部の知識を活用しなければならない。中国は人口が多く，潜在的な企業家の数や有用な外部知識をもつ人々の数も多い。したがって，イノベーションへの大衆参加を実現することによって，中国はオープンイノベーションのメリットを存分に享受できる。現に，李克強は 2014 年の夏のダボスフォーラムの発言において，「知

恵は大衆から来ている」,「大勢で薪を拾えばたき火の火は高くなる」(多くの人が力を合わせれば物事は立派に成功する,多くの人が集まるとよい知恵が生まれる) といった点を再三強調しており,オープンイノベーションの考えを露わにしている[5]。

第2節 「インターネット＋」

　起業やイノベーションと,インターネットは密接に関係している。中国政府は,2015年の12・3期全人代で「インターネット＋」アクションプランを発表した。李克強はその発表の中で,「『インターネット＋』アクションプランを通じて,モバイルインターネット,クラウドコンピューティング,ビッグデータ,IoT (Internet of Things) と現代製造業の結合を促し,電子商取引や工業インターネットとインターネット金融の健全な発展を推進する」と述べた。その後,7月に,国務院は「『インターネット＋』行動の積極的な推進に関する指導意見」を発表した。中国政府はインターネットを活用することによって,製造業,流通,金融といった幅広い分野において既存産業の高度化を図るねらいがあると思われる。

　「インターネット＋」がひとつの政策として提起された背景には,同産業の中国における飛躍的な発展があることを説明したい。中国のインターネット業界においては,1990年代後半以降,世界的な大企業を輩出してきた。その代表格はBATと称される3社の世界的なプラットフォーム企業である (**表**5-3)。Bは検索エンジン会社であるバイドゥ (Baidu),Aは電子商取引サイトであるアリババや淘宝を提供するアリババグループ (Alibaba Group),Tはソーシャルメディアの QQ や WeChat を提供するテンセント (Tencent) である。この3社は,それぞれの分野で独占に近い地位を確立しており,中国社会に巨大な情報インフラを提供している。**表**

---

(5) 夏のダボスフォーラムに関する情報は,http://www.mgov.cn/complexity/info140912.htm による (2017年2月18日アクセス)。諺の日本語訳は白水社中国語辞典から引用。

5-3 のとおり，3 社とも 1990 年代後半以降に創業したスタートアップであり，創業者はいずれも 40 代後半から 50 代前半の若さである。3 社のうち，バイドゥとアリババはアメリカ，テンセントは香港で上場しているが，2017 年 9 月の時価総額はアリババが世界全体で第 7 位，テンセントが第 8 位となっている。

表5-3　中国を代表するインターネットトップ3社の概要

会社名	業務内容	創業年	創業者（出生年）	時価総額（億ドル）	世界ランキング
バイドゥ（Baidu）	中国語検索エンジン	2000	李彦宏（1968）	782	―
アリババ（Alibaba）	電子商取引	1999	馬雲	4,150	7位
テンセント（Tencent）	ソーシャルメディア	1998	馬化騰（1971）	3,940	8位

（出所）　各種情報より筆者作成。
（注）　バイドゥは 2017 年 8 月 25 日，アリババとテンセントは 2017 年 9 月 1 日時点の数字。

　中国の未上場のユニコーン企業は多数あるが，インターネット企業がほとんどを占めている。たとえば 2012 年に創業された滴滴出行（Didi Chuxing）は，Uber と似たような機能をもつ配車アプリを提供して発展し，企業価値はすでに 560 億ドルに達している。このほかにも，人工知能技術を用いて，ユーザーの好みに合わせてニュースなどの情報を発信する頭条（Toutiao，2012 年創業，110 億ドル），スマートフォンによるシェアバイクのビジネスで急成長する摩拝単車（Mobike，2015 年創業，30 億ドル）といった会社が挙げられる（CB Insights ホームページ，2017 年 9 月時点）。

これらの企業に共通する特徴は，インターネット技術で新しいビジネスモデルを構築することによって，ごく短期間に急成長を遂げたことである。このような現象が現代中国において頻繁にみられる背景には，4つの要因が考えられる。

　第1には，中国のインターネット企業は，ネットワーク効果の恩恵を強く享受していることである。中国のインターネット企業の多くは，プラットフォームビジネスに携わっている。この場合，いわゆるネットワーク効果，つまり同じプラットフォームを利用するユーザーの数が多ければ多いほど，ユーザーの間で共有される知識や情報，サービスが多くなり，当該プラットフォームを利用するメリットが増えて，より多くのユーザーがプラットフォームへ惹きつけられる，というポジティブフィードバックのメカニズムが働く。ネットワーク効果には，さらに同質のユーザー同士が惹きつけあう直接的ネットワーク効果と，異質のユーザーが惹きつけあう間接的ネットワーク効果が存在する。

　注目すべきであるのは，中国はその巨大な人口規模から，他国よりもプラットフォームの潜在的なユーザー数が多く，ネットワーク効果がより顕著に働くことである。テンセントが提供するソーシャルメディアであるWeChatの例でこの点を確認しよう。WeChatには，個人ユーザー，個人ユーザー向けに情報やサービスを発信するパブリックアカウント，WeChat Payを利用する業者という3つのユーザーグループが存在する。2012年から2016年までの間に，WeChatのアクティブユーザー数は3億人から8億人へ，パブリックアカウントの数は201万個から1777万個へ，そしてWeChat Payの決済金額は116億ドルから1兆2000億ドルへ爆発的に増加した[6]。この背後には，3つのユーザーグループの内部で強烈な直接的ネットワーク効果，そしてグループ間で強烈な間接的ネットワーク効果が働いていることを指摘しなければならない。

　第2は，中国のインターネット企業は，ベンチャーキャピタルから豊富な資金を短期間に調達できることである。PwC社の報告によると，世界

---

[6] WeChatのデータは各種インターネット情報より筆者が整理したものである。

のプライベートエクイティ (PE) とベンチャーキャピタル (VC) による投資総額は 2016 年に 3060 億ドルに達しているが，そのうち 73％は中国市場向けの投資である（PwC 2017）。このように，中国のスタートアップは，世界中から流れ込むリスクマネーから潤沢な資金を調達することが可能である。しかも，これらの投資はごく短期間に行われる。たとえば，前述した配車アプリを提供する滴滴出行社は，2012 年 6 月に創業してから 2015 年 1 月までのわずか 2 年半の間に，5 ラウンドにわたり 8 億ドル以上の巨額な資金を調達できた。これらの資金の多くは，同社のアプリを普及するための補助金として使用された。その結果，ネットワーク効果が働くために必要なクリティカルマスを短期間で越えることができ，同社のアプリは一気に普及した。

　第 3 に，中国のインターネット企業は，後発国ならではの利益を享受できる点も重要である。たとえば，アリババの Alipay とテンセントの WeChat Pay を中心に展開する中国のモバイル決済は非常に発達しており，2016 年，中国で第三者によるモバイル決済の金額は 5.5 兆ドルに達し，第 2 位である米国の 1120 億ドルをはるかにリードしている[7]。それは，中国においてクレジットカードや電子マネーなどの伝統的決済手段の発展が立ち遅れていたゆえに，モバイル決済は既存企業からの強い抵抗を受けることなく，スムーズに展開できたためである。

　また，中国ではシェアバイクというビジネスモデルが非常に普及しているが，それには交通規制が緩く，自転車を気軽に乗り捨てたり，乗車したりできる環境が存在していることが大きく関係している。

　第 4 に，中国におけるモバイルインターネット（スマートフォンからのインターネットアクセス）の発達もインターネット企業の発展を強力に支えた。2017 年 2 月までに，全国で携帯電話を利用してインターネットにアクセスするユーザーの数は 10.6 億人に達しており，携帯電話ユーザー総数のほぼ 8 割にもなる。そのうち，4G の通信技術のユーザー数は 8.14

---

[7] 『網易新聞』2017 年 2 月 14 日付記事（http://news.163.com/17/0214/21/CD913GTV000187VE.html，2017 年 2 月 18 日アクセス）。

第5章　イノベーション駆動型発展戦略の登場と展望

億人に上っている（工業信息化部 2017）。そのほとんどはスマートフォンを使用していると推察される。この人々はいうまでもなく，インターネット企業の最も重要なユーザーのリソースとなる。

これら中国におけるモバイルインターネットの急伸を支えていたのは，スマートフォン産業と関連する通信技術の発達である。**表 5-4** のとおり，2011 年からわずか 6 年の間に，中国の主要携帯電話企業は，他の競合相手を凌いで，世界市場でサムスンとアップルに次ぐ地位にまで成長している。また，通信技術からみても，中国の 4G 技術に関する特許保有数は，やはりアメリカについで世界第 2 位となっている（**表 5-5**）。

表 5-4　世界市場における主要スマートフォンメーカーの出荷台数の推移

（百万台）

		2011 年	2012 年	2013 年	2014 年	2015 年	2016 年
1	サムスン	95	198	299	308	320	311
2	アップル	93	136	153	193	232	215
3	華為	17	31	52	75	108	139
4	OPPO	—	5	18	31	45	95
5	VIVO	—	3	12	30	44	82
6	小米	—	7	19	65	73	58
7	LG	19	26	48	59	60	—
8	ZTE	17	31	42	45	51	57
9	レノボ	4	23	45	—	45	50
10	TCL-Alcatel	3	7	12	41	42	34

（出所）　2016 年のサムスンとアップルのデータは，IDC，その他データは IHS /isuppli より筆者作成。

表5-5 4G 特許保有数の国別状況 (2013 年)

国	特許数	国	特許数
アメリカ	1,661	スウェーデン	399
中国	1,247	台湾	89
韓国	1,062	フランス	67
日本	678	カナダ	52
フィンランド	612	ドイツ	35

(出所) 国家実験研究院 (台湾) より筆者作成。
(http://bbs.c114.net/forum.php?mod=viewthread&tid=868277) 2017 年 2 月 18 日アクセス。

　中国におけるインターネット産業の発達は,「インターネット＋」の成功の確率を大幅に高めた。以下では,インターネットを活用することによって大成功を収めた小米(シャオミ)の事例を中心に,この点を説明したい。

　小米は 2010 年に創業したスマートフォンの開発,製造を中心に展開するスタートアップである[8]。同社は,表5-4 のとおり,創業以来,爆発的な成長を遂げてきた。創業 6 年目の 2015 年のスマートフォンの販売台数は 7300 万台にも上る。これは,中国市場ではトップの販売台数で,世界市場でも第 4 位を誇る驚異的なものであった。2015 年時点で,小米の企業価値は 460 億ドルにまで膨れ上がり,ユニコーン企業としては Uber に次ぐ世界第 2 位となっている。中国政府による「インターネット＋」の政策は,小米の成功に触発されたといっても過言ではない。

　小米の経営の最大の特徴は,自社を単なるスマートフォンメーカーではなく,インターネット企業として位置づけていることである。インターネット企業にとっては,利益を出すことよりもユーザーの数を確保すること

---

[8] 以下,小米に関する情報は,おもに丁 (2013) とおよび元華強電子研究所の副所長である潘九堂氏へのインタビューによる (2016 年 10 月,12 月,2017 年 8 月)。

が，その企業価値の評価のうえで最も重要である。小米の経営もユーザーの確保に全力を尽くしてきた。一般的な携帯電話企業とは異なり，小米はオフラインの販売網を構築したり，広告を出したりするような伝統的な営業手段をまったく取ってこなかった。その代わり，もっぱらインターネット，とくにソーシャルメディアを活用しながらユーザーの獲得に取り組んだ。やや古い数字になるが，創業3年目の2012年におけるインターネットで獲得したユーザーの数をみると，小米フォーラムの登録ユーザーが700万人，小米社や関連する製品のミニブログ（中国版ツイッター）のフォロワーの数が550万人，小米の経営陣および従業員個人のミニブログのフォロワーの数が770万人，WeChat（中国版LINE）のユーザー数が100万人となっている。相当の重複も考えられるが，ソーシャルメディアをとおして日々小米とインタラクションができる消費者の数は，創業の初期ですでに1000万人を超えていた。伝統的な営業手段を取っていないがゆえに，小米は高額の販売費用を節約できたが，同社はこの費用減分をそのまま販売価格に反映し，高いコストパフォーマンスを実現した。このことは，さらに多くのユーザーの獲得に貢献した。

　小米はスマートフォンを開発する際に，極力ユーザーの声に耳を傾けるようにしている。同社スマートフォンのユーザーインターフェースであるMIUIは，GoogleのAndroidプラットフォームをベースに開発されている。しかし，MIUIのユーザー体験はAndroidとまったく異なるものになっている。それは，MIUIの開発に際して，小米のユーザーによる修正意見の提案が認められているためである。たとえば，トランスフォーマー4という映画が上映されれば，トランスフォーマーバージョンのMIUIがすぐにユーザーの意見を反映して登場してくる。MIUIの更新は週1回という速いペースで行われており（Androidは，3～5カ月に1回），創業3年目の2012年時点ですでに70万人のユーザーがMIUIに修正意見を出していた。

　小米は自社のスマートフォン事業以外に，タブレット，テレビ，セットアップボックス，スマートリング，イヤーフォン，ルーター，充電器，空気清浄器，電気釜，掃除用ロボットなど，さまざまなスマートデバイスの関連会社に出資をして，独自のエコシステムを構築している。これらの製

品はすべて自社のスマートフォンを用いて操作できるようになっているし，スマートフォンと同様にネットを中心に販売している。そのため，コストパフォーマンスが高い。このことも，当然ながら小米のユーザー獲得に大きく貢献した。

　小米は，さらにオンラインゲーム，電子商取引，モバイルセキュリティー，スマートハウジング，医療，インターネットファイナンス，映画製作，モバイル地図，モバイルオンライン教育など，インターネットサービスに関連する領域の多くの会社にも出資している。その究極の目的は，ハードウェアで獲得したユーザーにサービスを提供することで持続的な収益を獲得することである。

　小米の創業者である雷軍はこのような自社の取組みを「インターネット的発想」として総括している。この考え方は，「インターネット＋」より一歩進んで，インターネットを単なる道具としてではなく，伝統的製造業とは異なる新しい経営の発想の源とみなしている。

　ところが，順調に発展を遂げてきた小米は，2016年に突然挫折してしまう。**表5-4**のとおり，同社のスマートフォンの出荷台数は前年から1500万台も大幅に下落した。じつは，小米の機種はハイエンド品の小米ブランドとローエンドの紅米ブランドにわかれている。ローエンドの紅米ブランドが小米社全体の出荷台数に占めるシェアは，2014年以降小米ブランドを上回っており，2015年の第3四半期には，その数字は80％にまで伸びている。つまり，会社全体からみると低付加価値化が進んでしまったのである。

　「インターネット的発想」を徹底してきた小米の問題点は，十分な組織能力を蓄積してこなかったことにある。インターネットはある意味で公共財である。小米が活用したソーシャルメディアは他社によっても利用される。また，ユーザーを動員したMIUIの開発やスマートデバイス，インターネットサービス企業への投資は，いずれも他社によって容易に模倣されるビジネスモデルである。しかし，研究開発やオフラインでの販売網の構築など，他社にとって模倣が困難な，その会社独特の「組織能力」は創業期間が短いこともあって，小米としては十分に蓄積できていなかった。

ただ，2016年の失敗を受けて，小米はこの点を強く認識するようになり，他社に模倣されることが難しい実店舗の販売網の構築に全力で取り組むようになった。同社スマートフォンの出荷台数は2017年に大幅に回復し，9000万台の大台にのる見通しである。一方，小米がそれまで実施していたエコシステム戦略も大きく花を開くようになり，その投資したスマートハードデバイス企業のうち，4社がユニコーン企業に育ったと報告されている。

第3節 「中国製造2025」と「工匠精神」

　企業レベルでのイノベーションを推進するもうひとつの重要な政策は，「中国製造2025」である。2015年3月の12・3期全人代で，李克強首相は同計画を初めて発表した。その後，10月に国家製造強国建設戦略諮問委員会は「中国製造2025重点領域技術路線図（2015年版）」を公表した。
　「中国製造2025」では，3段階における製造業の発展の戦略的目標を掲げた。2025年までの第1段階については，日本やドイツが工業化を達成した時期の水準に到達し，世界製造業強国の第2集団への仲間入りを果たす目標が決められた。また同計画では，次世代情報技術産業，高度なデジタル制御の工作機械・ロボット，航空・宇宙設備，海洋エンジニアリング・高技術船舶，先進鉄道設備，省エネ・新エネ車，電力設備，農業機械設備，新材料，バイオ・高性能医療機器といった10の重点領域を指定した。「中国製造2025」は，さらに製造業の発展を推進する手段として，製造業イノベーションセンター建設，基盤強化，スマート製造，グリーン製造，ハイエンド装備イノベーションという5大プロジェクトを立ち上げた。
　2017年夏に，工業信息化部は，10の重点領域と5大プロジェクトの進捗状況について発表を行った[9]。それをみると，10の重点領域のうち，とりわけ航空・宇宙設備分野において，著しい成果が上がっている。具体的

---

[9] http://fin.zjol.com.cn/201708/t20170806_4746694_ext.shtml（2017年8月10日アクセス）.

には，①ARJ21-700 新型旅客機（New turbofan feeder aircraft）の商業運営，②C919 大型旅客機の初飛行，③長征 5 号大型ロケットの打ち上げ，④世界初の量子衛星の打ち上げ，などである。

また，5 大プロジェクトのなかで顕著な成果をみせたのは，いわゆるスマート製造，つまり情報化の手段で製造業の効率の向上をはかるプロジェクトである。2015 年から 2016 年にかけて，全国で 109 カ所のスマート製造テスト基地が指定された。スマート製造が導入された結果，テスト基地では生産性が 30％以上向上し（最大で 200％以上），運営コストが 20％以上削減（最大で 60％）されたと報告されている。

このスマート製造の進展を象徴する企業の事例をひとつ紹介しておこう[10]。0Glass という深圳の会社は，世界で初めて工業用の AR（Augmented Reality）眼鏡を開発したスタートアップである。同社のメガネをとおして，製造現場で発生するさまざまなデータを読み込み，デジタル化することが可能である。位置が固定するセンサーとは異なり，AR 眼鏡の場合は，さまざまな視角からデータを読みとることが可能なため，センサーの役割を補完するうえで非常に重要である。同社製品によって，10％のセンサーが代替されうるともいわれている。また，2015 年に起業したスタートアップでありながら，0Glass の製品はすでに工作機械や資源，エネルギー関係の多くの大手企業によって採用されている。中国のスマート製造業の技術進歩は，このようなスタートアップを主体に牽引されていることが興味深い。

「中国製造 2025」では，当初，工業化と情報化の融合を，製造業の発展を加速する手段として重点的にとらえた。これは，前述した「インターネット＋」に共通する中国政府の一貫した考え方である。ところが興味深いことに，わずか 1 年後の 2016 年の 12・4 全人代の政府工作報告において，インターネットや新興産業とは中身がかなり異なる「工匠精神」というキーワードが取り上げられるようになった。報告では，「企業による個性的なオーダーメードおよびフレキシブル生産を奨励し，あくなき進歩をめ

---

[10] 筆者が 2017 年 12 月に同社で実施したヒヤリングによる。

ざす工匠精神を育成し，製品の多様性，品質の向上とブランドの創出をめざす」とする文言が盛り込まれている。その後，中国政府は「工匠精神」を製造業発展のキャッチフレーズとして，さまざまな場で取り上げている。たとえば，2016年5月23日に東風汽車の新工場を視察した際に，李克強は「『工匠精神』を発揚させ，『品質革命』を起こすことによって，中国の製造業の高度化を進めよう」と労働者を激励した。

「工匠精神」は日本語の職人気質やクラフツマンシップ，匠の心といった言葉に置き換えられる。このタイミングで，ものづくりの原点への復帰を意味する概念が中国政府から強く提言された背景には，インターネットなどの情報技術では解決しきれない中国製造業ならではの問題点がある。

ひとつは，「中国製造2025」は著しい成果をあげているとはいえ，基幹部品と重要設備を輸入品に高度に依存する状況は大きく変わっていない。たとえば，ロボット，CNC工作機械および集積回路の状況は，つぎに列挙したとおりである[11]。

(1)ロボット

　工業用ロボットの国内市場の60％以上が輸入製品。うち，6軸以上の多関節ロボットの輸入比率が90％，溶接用ロボットの輸入比率が84％，自動車向けロボットの輸入比率が90％以上。

(2)CNC工作機械

　世界の半数に上るCNC工作機械を使用。しかし，80％以上のハイエンド機械は欧米日韓から輸入。

(3)集積回路

　2016年の輸入額は2271億ドル，4年連続で2000億ドルを上回った。集積回路は原油を上回り，中国最大の輸入商品へ。

以上，3つの技術は，インターネットなどの情報技術とは異なり，長年

---

[11] ロボットとCNC工作機械の情報は，『人民日報』2017年7月3日付記事による。集積回路の情報は，21世紀報道2017年3月17日付記事（http://epaper.21jingji.com/html/2017-03/17/content_58189.htm，2017年8月10日アクセス）による。

にわたる研究開発の蓄積を重ねて，初めて技術的なブレークスルーを迎えられる領域である。中国政府は，「工匠精神」を強調することによって，安易にスピードを求めることなく，特定の産業分野に長期にわたって技術開発に取り組み続けることを奨励する意向があると思われる。

　また，工匠精神の発揮を可能にする前提条件がまだ中国に十分に備わっていない，ということにも注目すべきである。竹内（1996, 23）によると，クラフツマンシップには，①高度の熟練に到達する人間的営為を何よりの善だとする価値判断が社会的に成立していること，②技能に関する価値判断や経営的自立についての基準が，当事者や関係各層の人材の内面に自立的に形成されていること，③彼らの到達水準を評価できるだけの知的および感性的な能力が，広く社会の需要層の側にでき上がっていること，という3つの意味が含まれるとしている。この定義から明らかなように，本格的なクラフツマンシップの存立には，本人の努力に加えて，職人の技能を理解できる顧客や消費者の厚い層が広く存在していることが重要である。

　しかし，中国ではこのような需要層がまだでき上がっていないようにみえる。中国中央電視台（CCTV）は全国的に工匠精神を盛り上げようと『大国工匠』というドキュメンタリーを制作した。全国から8名のトップクラスの職人を選んでその仕事を取材したが，表5-6のとおり，この8名のほとんどは国有大企業の従業員である。職人たちが持つ高度な技能へのニーズは，おもに国家プロジェクトに依存している。彼らがかかわっているハイエンド製造業では高度な技能を受け入れるだけの大きな市場が存在せず，政府から提供される資金と市場によって支えられている状況がみてとれる。

　ただ，中国社会全体で「工匠精神」を大切にする雰囲気が醸成されつつあることは紛れもない事実である。百貨店や電気街をめぐれば，「匠の精神」や「匠の魂」を訴える商品が随所に見られる。ビジネス界でも，現代商業史の研究で名高い呉暁波氏は，「新匠人」（新しいタイプの職人）を探すキャンペーンを展開しており，若者のあいだで大きな反響を呼んでいる。今後，政府による強力な後押しと知的中間層の台頭によって，「工匠精神」がひとつの価値観として中国社会に根づいていくことは十分に考えられる。

表5-6　CCTV『大国工匠』に出演した中国の代表的職人

職人名	所属先での肩書	特殊技能及び作品用途
胡双銭	上海飛行機製造会社高級技師	中国独自開発の飛行機 C919 の試作において，数多くの部品を手作業で加工。
周東紅	中国宣紙株式会社高級技師	30年間の欠品率が 0 という記録保持者。国家画院専用の宣紙を提供。
高鳳林	中国航天科技集団第一研究院 211 工廠エンジン工場班長	ロケットエンジン溶接の第一人者。
管延安	中国交通建設一航局二公司職工	香港珠海マカオ大橋の組立工。
顧秋亮	中国船舶重工集団第 702 研究所水下プロジェクト研究開発部職工	中国製潜水艦蛟龍号の首席組立工。加工精度が 100 分の 1 ミリになるのは，彼のみ。
寧允展	青島四方機車高級技師	中国製新幹線 CRH380A の首席研磨工。
孟剣鋒	国家高級工芸美術技師	その鏨刻作品は APEC で各国首脳へ贈呈。
張冬偉	滬東中華造船集団溶接工	LNG 船コア部分の溶接

（出所）『大国工匠』ドキュメンタリーの資料より筆者作成。

おわりに

　2017年秋に開催された19回党大会の報告において，イノベーションの重要性が再三，強調された。「イノベーションは発展を牽引する何よりの原動力であり，現代経済システムを建設するための戦略的支柱である」としたうえで，イノベーションを「実体経済」，「現代金融」，「人的資本」と並ぶ現代産業システムの4本柱のひとつとして位置づけた。本章で検討した3つの政策のいずれについても，同報告は紙幅を割いて論じた。「おわりに」では，同報告の関連する部分をふまえながら，中国のイノベーション駆動型発展戦略の今後を展望したい。
　同報告は，「大衆による創業，万人によるイノベーション」政策のポイントに改めて触れている。報告のなかには，「企業家精神の激励と保護，より多くの社会主体によるイノベーション活動と起業への参加を奨励する」，「企業を主体とする，市場志向的で，産学連携が深いレベルで展開されるイノベーションシステムを構築し，中小企業のイノベーション活動への支持を強化し，科学研究成果の商業化を促進する」といった具体的な記述がある。このように，スタートアップを主体とするオープンイノベーションの展開は，中国政府が奨励するイノベーション活動の展開方式として，今後いっそう進展していくものと思われる。
　「インターネット＋」について，同報告では「製造強国の建設および先進的製造業の発展を加速させ，インターネット，ビッグデータ，人工知能と実体経済の深いレベルでの融合」を推進すると論じている。この政策に関して，今後とくに注目に値するのは，インターネットの延長線上にある人工知能産業の発展である。
　中国政府は，2017年の12・5全人代の政府工作報告以降，人工知能産業を国家戦略として位置づけるようになった。とくに2017年7月8日には，「国務院の新世代人工知能発展計画の発表に関する通知」を発表し，「あらゆる資源を動員して，人工知能産業発展の重大な歴史的機会を掴む」と明記し，さらに，「2030年に産業規模は1兆元，関連する産業の全体規

模は10兆元，産業全体は世界の最先端に立つ」という具体的な戦略目標を掲げた。

中国が人工知能産業をとりわけ重視しているのは，ビッグデータの獲得に関して大きな比較優位を有しているためである。2015年，中国のデータ総数は世界の13％を占めていたが，2020年には同比率が20％へ増大し，中国は世界一のデータ大国になると見込まれている[12]。また，中国による人工知能の特許申請数は2016年時点で1万5745件となっており，世界第2位を占めている[13]。周知のように，人工知能の発展はビッグデータに大きく依拠している。データ数が多いほど，人工知能技術を応用する機会が増加し，アルゴリズムの進化もより速くなる。

中国における人工知能産業の展開は，世界中から注目を集めている。イギリスのARMやドイツのボッシュ，そして日本の本田技研は，いずれも中国の人工知能産業との提携を発表した。本田技研の場合は，ディープラーニングを用いた画像認識，とくに移動体を認識する人工知能技術で強みをもつスタートアップであるセンスタイムと自動運転用人工知能について共同開発を行う。

同報告では，「中国製造2025」に関連する部分で，「グローバル・バリューチェーンのミドルとハイエンドの部分に参入し，いくつかの世界クラスの先進産業集積を育成する」と初めて明記した。このように，中国政府は産業集積の形成を，製造業のグローバル・バリューチェーンでのアップグレーディングを推進する重要な手段としてとらえている。今後，「ハードウェアのシリコンバレー」として注目される深圳のような地方都市が，中国の製造業の発展において，ますます重要な役割を果たしていくことが予想される。

「工匠精神」については，「知識型，技能型，革新型労働者集団を創設し，モデル労働者の精神と工匠精神を発揮し，労働を光栄に感じる社会風土を

---

[12] 中国電子報社記事2017年5月23日付（http://www.sohu.com/a/142836783_464075, 2017年8月10日アクセス）。

[13] ZDNS.com記事2017年5月31日付（https://news.znds.com/article/22695.html, 2017年8月10日アクセス）。

つくり上げるとともに，飽くなき進歩をめざすプロ意識を養成する」との記述があった。ここで注目したいのは，中国政府が「工匠精神」を論じるにあたり，はじめて技能形成に言及した点である。その背景には，近年，製造業の現場で優秀な技能者が育ちつつある，ということがあげられる。2017年10月に開催された技能オリンピックにおいて，中国の参加者は，金メダル15個，銀メダル7個，銅メダル8個，優秀賞12という優れた成績を収め，スイス（2位）や韓国（3位），日本（9位）などを抑えて首位に躍り出ている[14]。当然ながら，国をあげて少数のトップ水準の技能者を養成することは，オリンピック大会に出場するスポーツ選手を育成することと同様に，中国のような人口大国には比較優位がある。これらの優れた技能者が中国の製造業の現場でどれだけ影響を拡げていくのか，また製造業全体では技能形成のシステムがどのようにして形成されていくのか，引き続き見守っていく必要がある。

　また，今後しばらくのあいだ，米中関係がイノベーション駆動型発展戦略の最大の課題になる可能性が高い。前述したように，ユニコーン企業の育成やインターネット，人工知能産業の発展に関して，米中の差は徐々に縮まってきている。また，「中国製造2025」では，主要な製造業分野における先進国へのキャッチアップと輸入代替を明確な目標として掲げている。こうした動きは，とくに米国のトランプ政権に，大きな警戒心を抱かせてしまった。同政権の前首席戦略官であるスティーブ・バノン氏は，2017年11月に来日した際に，一帯一路構想と並んで「中国製造2025」を，中国政府が全世界で支配的地位を獲得するための重要戦略として位置づけ，強く警告した。2018年3月に勃発した米中貿易摩擦でも，米国が関税を適用する分野として選んだのは，次世代情報技術，工業用ロボット，航空・宇宙設備，バイオ・高性能医療機器，高速鉄道設備，省エネ・新エネ車，農業機械，新材料であり，「中国製造2025」がやり玉にあがっていることは明白である。さらに，4月に米国商務部はイランへのハイテク製品

---

[14] 新華網2017年10月20日付記事（http://news.xinhuanet.com/2017-10/20/c_1121830581.htm，2018年1月4日アクセス）。

輸出禁止令に違反したとして，中国通信機器大手のZTEに対して，7年におよぶ米国産部品の輸出禁止令を発動した。異例ともいえるこの厳しい制裁の標的は，やはり中国のハイテク産業である。このように，中国はすでに世界のイノベーション活動の震源地である米国の地位を脅かす存在になりつつある。こうした状況の中で，イノベーション駆動型発展戦略の成否は，対米関係によって大きく左右されることはほぼ確実であるといえよう。

［参考文献］

＜日本語文献＞
竹内常善 1996.「中小企業史研究の課題と視角――中小企業史研究会の取り組みを中心に――」竹内常善・阿部武司・沢井実編『近代日本における企業家の諸系譜』大阪大学出版会．
丁可 2013.「『粉糸営業』――新興携帯電話企業『小米』の急成長の秘密に迫る――」日本貿易振興機構アジア経済研究所海外研究員レポート．

＜英語文献＞
Chesbrough, Henry 2006. "Open Innovation: A New Paradigm for Understanding Industrial Innovation." In *Open Innovation: Researching a New Paradigm*, edited by Henry Chesbrough, Wim Vanhaverbeke and Joel West. Oxford: Oxford University Press.
PwC 2017. "China Private Equity/Venture Capital: 2016 Review and 2017 Outlook." 23 February (https://www.pwccn.com/en/private-equity/pe-china-review-feb2017.pdf).

＜中国語文献＞
Boston Consulting Group・阿里研究院・百度発展研究院・滴滴政策研究院 2017.「中国互聯網経済白皮書：解読中国互聯網特色」(http://image-src.bcg.com/Images/China%20Internet%20Report_Sep%202017_CHN_updated20170914_tcm55-170392.pdf，2018年1月14日アクセス)．
工業信息化部 2017.「2017年1-2月份通信業経済運行情況」．

第6章

貧困・格差問題への取組み強化と今後の課題

下 川 　 哲

はじめに

　習近平政権というと，日本では，「一帯一路」構想やアジアインフラ投資銀行（AIIB）といった国外にも広く喧伝されている政策がよく知られているかもしれない。一方で，同政権が国内に対して同等以上に喧伝している政策が反腐敗と反貧困である。本章では，これら政策のなかでも日本での認知度がもっとも低いと思われる，同政権の反貧困政策，つまり貧困削減のための取組みについて整理したい。

　中国では，1978年の改革開放から，国内総生産（GDP）の成長率が年9％以上という急激な経済成長が30年以上続き，2010年には日本のGDPを上回り，米国に次ぐ世界第2位の経済大国となった。それにともない，絶対的貧困者数および絶対的貧困率は急速に減少し，絶対的貧困の削減に世界でもっとも成功した国といえる。そして，2010年以降も着実に貧困を削減し続けているが，そのスピードは鈍化しており，貧困削減事業にかかる費用は増加している。これは，貧困からの脱却がより困難なグループが取り残されているためで，これまでの大規模で広範囲を対象とした貧困削減政策の限界を示唆している。そのため，中国政府は近年，より正確に貧困地域を特定し，より集中的かつ多面的に支援する貧困削減政策を展開している。

　加えて，相対的貧困や所得格差の問題はより深刻になってきている。沿岸地域の急速な近代化がみられる一方，内陸部である中部と西部地域の経

済水準はいまだに低い。地域間の大きな経済格差問題に象徴されるように，取り残されている貧困人口の大部分は内陸部の人々である。こうした貧困と格差の問題は，中国の持続的成長および社会的安定にとっての重い足かせとなっている。

習近平政権は，共産党創立100周年の2021年までに全面的に貧困から脱却する（全面貧困脱却指向）という目標の実現のために，第1期政権より積極的に貧困削減に取り組んできた。そして，2018年3月に第13期全国人民代表大会（以下，13期全人代）において，第2期政権における貧困削減に関する方針が明らかにされた。本章では，この新たに発表された方針をふまえつつ，これまでの習近平政権による貧困削減への取組み，その成果，および残された課題についてまとめる。

以下，第1節では13期全人代で発表された，第2期政権における貧困削減に関する方針についてまとめる。第2節から第4節では，これら発表内容をより深く理解するために，これまでの中国における貧困の推移や，中国政府による貧困削減への取組みについてまとめる。第2節では近年の中国における貧困と所得格差の推移についてまとめる。第3節では1949年の建国から習近平政権までの貧困削減に対する取組みの流れを概観する。第4節では習近平政権下での新たな貧困撲滅への取組みについてより詳しく紹介する。そして，第5節では習近平政権による他の主要な政策と貧困・格差問題とのかかわりについて考察する。最後に，第6節では第2期政権の貧困削減目標を達成するために解決すべき課題について議論する。

第1節　第2期習政権における貧困削減に関する方針

2018年3月5日，13期全人代の初日，李克強首相からの政府活動報告の中で，今後の貧困削減に関する取組みについて言及があった。報告によると，中国政府は現在の貧困削減政策とその方針を継続しつつ，予算拡大および取組みの拡充をすることで，全面的な貧困削減の実現をめざすことが述べられた。具体的には，2017年末の時点でいまだ約3000万人が絶対

的貧困に苦しんでいるが，2018年には，農村部における地域産業の開発および教育・医療環境の改善をとおして，絶対的貧困人口を最低でも1000万人削減する計画である。そのうちの280万人は貧困地区からより生活環境のよい地区への移住によって貧困脱却をめざす。新たに中央政府の予算や無償給付を増やすことで，きわめて深刻な貧困地域への支援も拡充する。貧困者の中には，高齢者，障がい者，重度の病気に苦しむ者も含まれ，これらの人々が個別の状況に応じて必要な補償を受けられるような支援を実現する。これまでの貧困削減政策によって貧困から抜け出した人々への支援は継続しつつ，新たにもしくは再び貧困に陥ってしまった人々に対しても迅速に支援策を講じる。

ところが，胡静林・副財務大臣（当時）によると，2015年11月に反貧困キャンペーンを立ち上げて以来，8万人以上が不正行為により罰せられている。2017年に28省で実施された調査では，総額7億3000万元（約125億円）の支援費用の不正使用と不正請求が明らかになり，450人が罰せられた。そのため，李克強は，このような貧困削減政策における汚職や不正行為について，より厳しく取り締まる方針を示した。

13期全人代開催中の3月7日に，国務院貧困削減開発リーディンググループ（国務院扶貧開発領導小組弁公室）で主任を務める劉永福が，中国政府は貧困撲滅に向けてさらなる努力をしていくことを明言した。2018年には，貧困削減への取組みのための予算を1061億元（約1兆8000億円）に増額する。この予算額は昨年よりも200億元以上多く，過去5年間で6800万人以上の貧困削減を達成した経験から得た教訓をもとに，さらなる支援拡充と汚職防止をとおして，より持続可能な制度の構築をめざす方針が示された。また，劉永福は，中国政府が2020年までに絶対的貧困を撲滅し，すべての面でほどよく豊かな社会の実現をめざしていることを改めて述べたうえで，たとえ絶対的貧困を撲滅できても相対的貧困の問題は残るため，引き続き貧困削減に取り組む必要があることも強調した[1]。

---

[1] ここでの絶対的貧困は2011年に導入された中国独自の貧困ラインを使って定義されている。詳しくは第2節を参照。

第2節　中国における貧困と格差

1．貧困の現状

　中国政府は独自に定めた貧困ラインを使って貧困を定義している。中国政府の貧困ラインは，1986年に1人当たり年間可処分所得204元に設定され，その後の物価上昇などにあわせて段階的に引き上げられてきた。現在使われている貧困ライン（新貧困ライン）は2011年に導入されたもので，1人当たり年間可処分所得2300元（2010年価格）である。新貧困ラインは，世界銀行が使っている所得貧困ラインの「1人当たり1日1.83米ドル（2005年購買力平価）」とほぼ同じ水準である。2010年の貧困ラインである1人当たり年間可処分所得1274元（2009年価格）と比べると2倍近く引き上げており，これまででもっとも大きな引上げ幅であることからも，国際的水準での貧困削減をめざしていることがわかる。ただし，政府による貧困ラインの設定は農村部のみで，都市部の貧困ラインは正式には設定されていない。

　表6-1に農村部の貧困人口と貧困率の2010年以降の推移をまとめた（新貧困ラインで定義）。2010年から2015年の間に，貧困人口は1億6566万人から5575万人に，貧困率は17.3％から5.7％にまで減少した。改革開放直後からみると，1978年の貧困人口は7億7039万人だったが（新貧困ラインで定義），2015年までに7億1464万人の貧困削減を達成したことになる。一方で，貧困削減の速度は徐々に鈍くなってきている。貧困人口でみると，2010〜2011年では4328万人を削減したが，2014〜2015年では1442万人にとどまっている。このあいだに貧困削減政策のための支出は増えているため，貧困者1人に対する政府支出は増えている。このことは，社会的に貧困から脱することがより難しい人々が取り残されていることを示唆している。

　しかし，これほどの貧困削減を実現したにもかかわらず，近年は労働争議などが増加し，中国国民の不満は高まっているようにみえる。なぜなの

か。第1に，貧困率が下がったとはいえ，絶対数でみるといまだに日本の総人口の半分弱に相当する5575万人が貧困ライン以下で生活している。第2に，貧困ラインは一定だが，中国の平均賃金（名目）は増加しており，「貧困ライン以下の世帯」の相対的貧困は悪化している。たとえば，新貧困ライン（2300元／年）は，2010年の1人当たりGDPの7.5％だが，2015年には1人当たりGDPの5.3％しかない（**表6-1**）。第3に，物価も上昇しており，消費者物価指数は2010～2015年の5年間で約15％も増加した[2]。

表6-1 中国農村部における貧困人口と貧困率の推移（2010-2015年）

	農村部における所得貧困人口（万人）	農村部における貧困率（％）	1人当たりのGDP（2010年人民元）	貧困ライン／1人当たりのGDP（％）	消費者物価指数（CPI：2010=100）
2010	16,566	17.3	30,701	7.5	100
2011	12,238	12.7	33,453	6.9	105.4
2012	9,899	10.2	35,870	6.4	108.2
2013	8,249	8.5	38,436	6.0	111
2014	7,017	7.2	41,022	5.6	113.2
2015	5,575	5.7	43,630	5.3	114.9

（出所）国民経済和社会発展公報2010，2012，2013，2014年版，世界開発指標（WDI）2010-2015年版より筆者作成。
（注）為替レートは1USD＝6.8CHYを使用。

---

[2] 貧困ライン自体は物価指数の変化も考慮に入れている。

2．経済格差の拡大

　加えて，経済格差の拡大も国民の不満が高まっている要因と考えられる。しかし，国家統計局が公表している「所得に基づいたジニ係数」では，所得格差は 2005 年の 0.485 に比べ，2015 年は 0.462 へと減少傾向にある（**表 6-2**）。それでも，2015 年時点で「所得に基づいたジニ係数」は 0.462 あり，社会が不安定になりやすくなるといわれている 0.4 の値を超えている。同様の傾向は，世界銀行による所得ジニ係数の推計値にもみられる。ただ，2005 年以降の減少傾向というのは，国民の実感とは大きく異なるかもしれない。というのも，国家統計局の所得データには所得以外の資産が反映されていないからである。中国の高所得者（とくに公務員や大型国有企業の幹部）は，表に出る正規の給与だけでなく，給与の形をとらないさまざまな恩恵（福利厚生や住居など）を受けている。こうした所得以外の収入や資産の把握が正確に行われていないため，「所得に基づいたジニ係数」の値は実際の格差より低くなっている可能性が高い。

　そのため，李建新（2015）では，所得だけでなく「保有資産に基づいたジニ係数」を推計している。この推計によると，2012 年の「所得に基づいたジニ係数」は 0.49 で，国家統計局の推計値 0.47 と近い値になる。一方で，「保有資産に基づいたジニ係数」も推計し，1995 年の 0.45 から 2012 年は 0.73 にまで上昇していることを示した。ジニ係数の水準そのものは議論の余地があるが，「保有資産に基づいたジニ係数」で示された，2009 年頃の高止まりからの微減という推移のほうが実感的に妥当かもしれない。なぜなら，所得格差の主要因は都市部と農村部，および内陸部と沿岸部の格差だが，農村部と内陸部の余剰労働力の縮小や農民工の賃金上昇によりこの地域格差が縮小傾向にあるため，ジニ係数が微減する可能性があるからである。

表 6-2　中国における所得ジニ係数の推移（2005-2015 年）

	所得ジニ係数	
	中国国家統計局	世界銀行
2005	0.485	
2006	0.487	
2007	0.484	
2008	0.491	0.428
2009	0.49	
2010	0.481	
2011	0.477	
2012	0.474	0.422
2013	0.473	
2014	0.469	
2015	0.462	

（出所）　中国国家統計局，世界開発指標（WDI）より筆者作成。
（注）　所得ジニ係数は所得分配の不平等性を測る指標で，0から1の間の値をとり，1に近いほど不平等性が高い。

第3節　これまでの貧困削減のための取組み

　このような貧困・格差問題に対して，習近平政権はどのように対応しているのか。留意したいのは，反貧困を標榜する政権は，習近平政権初めてではない点である。貧困削減は中華人民共和国の建国以来，ずっと重視されてきた課題であり，「反貧困」自体に新規性はない。それでは，習近平政権による反貧困は，これまでの反貧困とどうちがうのか。この点を明らかにするために，本節ではこれまでの中国政府による貧困削減のための取組みについて概観する。汪三貴・殷浩棟・王瑜（2017）にしたがい，1949年の建国から現在までを5つの段階にわけて，それぞれの段階における貧困削減政策について説明していくが，記述の便宜上，時期で3区分

してある。

1．建国期から改革開放開始まで

　第1段階は1949年の建国から1978年の改革開放が始まるまでになる。この段階では，社会制度改革や基本的な社会インフラの整備をとおして，農村部の教育レベル，健康状態，農業の生産性などを底上げすることで，極度の貧困（絶対的貧困よりさらに深刻な貧困）を削減することが重視された。1949年以降，中国政府は土地改革や人民公社の建設などの社会制度改革を断行した。これにより，生産手段の差による貧富の差がなくなり，所得が平等に分配され，教育や健康状態が改善した。また，農村部の交通インフラや灌漑設備の改善などの大規模なインフラ事業が始まり，農村世帯の衣・食・住・医療・葬儀の5つについて保障する「五保制度」や「農村特困人口救済」など農村部における基本的な社会保障制度も整備された。農村金融で重要な役割を担う「農村信用合作社」もこの時期につくられた。

　これらの改革により，極度の貧困が削減されたのは事実である。しかしながら，改革がうまく機能したのは当初のみで，「過度の平等主義による経済的インセンティブを欠いた社会制度」，「農村部の人々の生活を犠牲にした工業化偏重の政策」により農村部の生産性は低下の一途をたどり，食料などの基本的な消費財すら十分に供給できなくなった。結局，この段階では農村部の貧困層の状況は根本的に改善しなかった。

2．改革開放開始から2000年まで

　第2段階は改革開放直後の1979年から1985年までである。1979年以降，中国政府は改革開放路線へと政策転換し，経済改革による農村部の貧困削減を実現していく。とくに重要な改革は生産責任制（家庭聯産承包責任制）の導入と自由市場の形成である。これにより，農家は自分たちで生産した農産物の一部を政府に上納した後，余剰分は自由市場で販売できるようになった。市場での農産物の販売価格も上昇し，農産物の生産量およ

び生産性が大幅に改善した。

さらに,貧困層に的を絞った一連の貧困削減政策も実施した。たとえば,貧しい遠隔地を支援するための「支援経済不発達地区発展資金」を1980年に設立し,とくに貧しい西部地区を支援するための「三西(定西,河西,西海固)地区扶貧開発計画」を1983年に実施し,山岳地帯や少数民族地帯など辺鄙な地域の貧困削減を優先することを提言した「速やかに貧困地区の様相を変える支援についての通知」[3]を1984年に発表した。当時の貧困ラインで定義された農村部の貧困人口は2.5億人から1.25億人に,貧困率は33％から14.8％に減少した(范小建2009)。

第3段階は1986年から2000年までになる。中国政府は,1986年から計画と組織に基づいた貧困削減事業を推進し,救済型の貧困削減(救済式扶貧)から開発型の貧困削減(開発式扶貧)に転換を図った。たとえば,1986年に中国政府は認定貧困県制度を導入し,貧困県に重点的に貧困削減資金を投入した(張建2016)。1987年には「貧困地区における経済開発の強化についての通知」[4]を発布し,正式に「農村貧困の削減」を重要な政策目標のひとつにした。

また,1994年には「国家八七扶貧攻堅計画」を発表し,農業以外の雇用機会の創出,沿岸部から中西部へ重点のシフト,インフラ整備,基本的な教育および医療サービスの普及などの手段によって,2000年までに農村部に残っている8000万人の貧困世帯の生活を必要最低限の衣食住が満たされる水準にまで改善すること(温飽問題の解決)を目標とした。この段階で,当時の貧困ラインで定義された農村部の貧困人口は1985年の1.25億人から2000年の3200万人に,貧困率は14.8％から3.0％にまで減少した(范小建2009)。

---

(3) 原題は,「関于幇助貧困地区尽快改変面貌的通知」。
(4) 原題は,「関于加強貧困地区経済開発工作的通知」。

3．2001年以降から習政権へ

　第4段階は2001年から2010年までである。2001年に，21世紀の中国における貧困削減事業の方向性を定めた「中国農村扶貧開発綱要（2001-2010年）」が公布され，より体系的に貧困削減に取り組むようになった。たとえば，以下の4点がある。①これまでのように村単位で支援対象を決めるのではなく，貧困県（より広い地域）を対象とすることで「貧困村でない村の貧困世帯」も支援できるように変更，②全国的に先進企業を支援し産業基盤を整備することで農業の付加価値を高め，農業の成長産業化を実現する，③貧困地区の移民に対する農業実技訓練，職業訓練，貧困農民が非農業部門に就業するために必要な訓練の実施，④貧困地区からより生活環境のよい地区への移住の推進である。これらの施策により，当時の貧困ラインで定義された農村貧困人口は2000年の9422万人から2010年の2688万人に，貧困率は2.8％にまで減少した。

　第5段階は2011年から現在までになる。2011年に「中国農村扶貧開発綱要（2011-2020年）」が公布された。この綱要では，2020年までに，すべての人が衣食の心配をせずに（両不愁）教育・医療・住居が保障された（三保障）社会を実現し，絶対的貧困を撲滅することを目標とした。そのために，貧困地区と貧困世帯をより正確に特定し直し，14の集中連続特別貧困地区，832の貧困県，12.8万の貧困村が認定された。2013年には習近平によって「実状に精確に対応した貧困支援」（精准扶貧，以下，精確な貧困支援と表記）という新たな指針が示され，「農村部における貧困削減と開発作業を促進するための革新的メカニズムに関する意見」[5]が発布された。

　2015年に，習近平はさらに「国務院による貧困脱却のための厳しい取組みに関する決定」[6]によって，精確な貧困支援および精確な貧困脱却（精准脱貧）を農村部の貧困削減政策の基本方針とした。精確な貧困支援のお

---

(5) 原題は，「関于創新机制紮実推進農村扶貧開発工作的意見」。
(6) 原題は，「中共中央国務院関于打勝脱貧攻堅戦的決定」。

もな内容と要求として,「貧困者を選ぶ精度,貧困者の必要に応じて事業を調整する精度,援助資金確保の精度,援助が貧困者に効果的に行きわたる精度,すべての貧困村に事業のための人員を配置する精度,事業の成果を評価する精度」の「6つの精度」(六個精准)を挙げている。加えて,目標達成の手段として「5つのグループ」(五個一批),つまり「生産発展によって貧困脱却するグループ,移住によって貧困脱却するグループ,生態学的補償によって貧困脱却するグループ,教育開発によって貧困脱却するグループ,社会保障によって貧困脱却するグループ」を提言している。これらの取組みにより,新貧困ラインで定義された農村貧困人口は2010年の1.66億人から2016年の4335万人にまで減少した(黄承偉2016)。

　本節では,建国以来の中国政府による貧困削減への取組みについて5段階に分けてみてきた。第2段階と第3段階で大規模な貧困削減を達成したものの,その後は貧困脱却がより困難な貧困世帯が取り残された。そのため,第4段階と第5段階では,国をあげてより体系的で多面的な援助策を試みている。第4段階と第5段階の大きな違いは,政策の設計や実施に関する精度へのこだわりである。第5段階の要である「中国農村扶貧開発綱要(2011-2020年)」は習近平政権が発足する前に公布されたものだが,習近平は「精確な貧困支援」や「6つの精度」など新たな指針を追加して,貧困削減政策における精度へのこだわりをさまざまな場面で強調しており,2017年以降の第2期政権においても,同様の方針を継続することが発表されている。次節では,これらの点についてより詳しくみていく。

第4節　習近平による貧困削減政策
　　　　──精確な貧困支援と6つの精度──

　「精確な貧困支援」の概念は,2013年11月,習近平が湖南省を視察しているときに初めて示された。精確な貧困支援とは,「支援対象の選択,貧困原因とそれに対する対応策の特定,対応策の実施,および対応策の効

果の評価」など各段階の精度を高めた貧困削減政策ということである。そして，精確な貧困支援の核心を表している「6つの精度」の要求は，2015年6月，習近平が貴州省を視察しているときに示された。以下，汪三貴・殷浩棟・王瑜（2017）に基づき，それぞれの精度についてより詳細にみていく。

1．貧困者を選ぶ精度

　精確な貧困支援を実現するうえでまず問題になるのが，どうやって「本当に貧しい人」を特定するかである。これまでは，現地の人々（村民など）による評価に基づいた貧困指標（草の根民主主義）によって貧困世帯を特定していた。評価項目には，所得だけでなく，衣食の不安，教育・医療・住居の保証の状況なども含まれる。ただ，評価が主観的になり，既存の人間関係に影響される可能性も高い。しかし，貧困農家の収入や支出に関する信頼できるデータが手に入らないため，このような手法が採用されていた。

　典型的な貧困地区では，「草の根民主主義によって選ばれた貧困世帯」と「所得や消費データに基づいて選ばれた貧困世帯」で重複する貧困世帯は約50％だといわれている。そこで，より精度の高い選択を実現するために，2015年と2016年に「統計データ」と「草の根民主主義による評価データ」を組み合わせた貧困世帯の再選別が実施され，1900万世帯（5623万人）が貧困世帯に選ばれた（汪三貴・殷浩棟・王瑜2017）。

2．貧困者の必要に応じて事業を調整する精度

　貧困世帯を特定した後は，貧困世帯それぞれの実情に合った解決策を提供する必要がある。現在取り残されている貧困世帯の実情は多様で，貧困の原因も多岐にわたる。そのため，貧困削減事業は包括的である必要があり，短期的援助は長期的援助と組み合わせることや，世帯によっては事業内容がかなり異なることもありうる。

たとえば，就業可能な世帯には，職業訓練などで人的資本を改善することで，所得向上や自営業などによって貧困脱却をめざす。一方，就業が難しい世帯には，社会保障や医療保険をとおして，衣食住や教育・医療サービスの提供を補償する必要がある。また，教育や医療サービスの提供が根本的に難しい貧困地域では，より生活環境のいい地区への移住を促し，移住先での生活の立ち上げや就職などを支援する。さらに，すべての貧困世帯において，世代間の貧困の連鎖を断ち切るために，子どもの栄養と健康状態および教育を改善する必要がある。

3．援助資金確保の精度

貧困削減事業を実施するためには資金が不可欠である。そして，精確な貧困支援は貧困世帯の実情に合わせた援助を実施するため，事業内容が職業訓練，教育・医療サービス，社会保障など多岐にわたり，世帯間で内容が異なることもあるので，援助資金を確保するためにはさまざまな産業や部門の援助資金を統合し柔軟に運用する必要がある。

しかし，これまでの貧困削減資金（特別資金や部門資金も含む）の運用は柔軟性に欠けており，これら資金を使う権限のない地方政府が精確な貧困支援のような事業を実施するのは不可能だった。そのため，中央政府は，貧困世帯の実情にもっとも詳しい草の根レベルの行政機関に，援助資金運用の権限を与えることにした。2016年より，中国政府は20以上ある貧困県向けの農業関係資金をひとつにまとめ，その資金を運用する権限を県級政府（日本でいう市町村）に与えた（汪三貴・殷浩棟・王瑜 2017）。

4．援助が貧困者に効果的に行きわたる精度

これまでの経験から，援助資金を確保し分配するだけでは，十分な効果は得られないことがわかっている。援助が貧困世帯まで到達しなかったり，たとえ援助が届いたとしても効果的に使われなかったりするためである。そこで精確な貧困支援では，貧困世帯とその地区が自力で成長できる能力

を強化させ，成長を阻害する要因を解決し，貧困地区の経済的および社会的発展を加速することをめざしている。

　たとえば，山奥の遠隔地に住む貧困世帯にとって，情報，IT技術，市場アクセスの不足が阻害要因ならば，それらを解決する必要がある。もし解決が難しい場合は，移住も選択肢のひとつである。移住する場合も，実情に応じて援助の内容を変え，移住先での基本的な生活環境（住居や就業など）を保証する必要がある。西部地域では，近隣に中心となる村を建設し，そこに移住させるほうが現実的かもしれない。

5．すべての貧困村に事業のための人員を配置する精度

　精確な貧困支援は包括的で複雑な事業になるため，その実施には確固とした組織的支援が必要になる。とくに，現場での活動を担う村レベルの組織の能力が事業の成否に大きな影響を及ぼす。しかし，貧困村は経済的にも社会的にも開発が遅れており，若者の大部分は出稼ぎで村におらず，村の幹部らは高齢者が多く，教育水準も低く，事務能力も低い。そのような貧困村のガバナンス能力は下がり続けており，このことが貧困から脱却できない要因にもなっている。

　そのため，精確な貧困支援をより円滑に実施するために，貧困村の上位組織（県政府など）から第一書記と駐在員を村に派遣する。これにより，貧困世帯の選定や事業の実施も改善され，選定途中のいさかいなどの調停にも役立つかもしれない。また，村のガバナンス能力が向上することで，村外からの援助資金も獲得できるかもしれない。加えて，村組織による虚偽報告や汚職を抑制する監視役にもなる。最後に，精確な貧困支援の経験をとおして，村の幹部らの責任感やガバナンス能力が向上し，より持続的な経済発展が可能になるかもしれない。

6．事業の成果を評価する精度

　最後に，虚偽の成果報告を防ぐために，事業の成果を科学的に評価することが重要である。国家統計局が毎年実施している農村家計調査のデータを使うと精確な貧困支援の成果を全国レベル，もしくは省レベルで評価できる。しかし，国家統計局のデータでは，省より下位の行政単位（県や村など）における事業の成果を評価できない。そのため，貧困村や貧困世帯に対する成果を評価するには別の現地調査が必要になる。2016年より，中国政府は研究者や調査機関を組織し，第三者による精確な貧困支援の成果評価を実施している。評価結果をもとに援助事業の改良も行っている。

第5節　その他の政策が貧困・格差問題に与える影響

　第3節と第4節では貧困削減を目標とした政策に注目してきたが，それ以外の政策も間接的に貧困・格差問題に影響する可能性がある。本節では，習近平政権下で導入されたおもな政策として，「国家新型都市化計画」と「一帯一路」構想が貧困・格差問題に与えうる影響について考察する。

1．国家新型都市化計画の影響について

（1）第1期習近平政権における都市化計画
　中国政府は2014年3月に「国家新型都市化計画（2014-2020年）」を発表し，内需の底上げ，サービス業の拡大・高度化，「三農問題」の解決，均衡のとれた国土の発展，生活の質の改善の5つの効果があるとしている（三浦2015）。最後の3つの効果から，この都市化計画が貧困・格差問題への対策でもあることがうかがえる。
　それでは都市化政策で貧困や所得格差は改善できるのか。都市化によって貧困や所得格差の問題を改善するには，都市に居住するすべての人が教育・医療・社会保障などの都市サービスを平等に享受できる仕組みが必要

である。しかし，中国では社会保障の内容は居住地ではなく戸籍（戸口）によって決まっている。そのため，都市化と貧困・格差問題の関係をみる場合，居住地によって定義した都市化率（常住人口都市化率）よりも，戸籍によって定義した都市化率（戸籍人口都市化率）が重要になってくる。しかし，国家統計局は近年まで常住人口都市化率しか公表してこなかった。戸籍人口都市化率も公表するようになったのは，2014年以降（新型都市化計画以降）である。

そのため，2014年以前の常住人口都市化率と戸籍人口都市化率の差を示すために，中国家庭追跡調査（2010, 2012, 2014年）のデータを用いて分析した。中国家庭追跡調査によると，3年平均の常住人口都市化率は42％で，国家統計局が公表している都市化率とほぼ一致する。一方，そのなかで都市戸籍の人は25％しかいなかった。つまり，17％（＝42％－25％）の都市部常住人口は，農村戸籍の住民で，都市サービスへのアクセスは限定的だと思われる。そのため，常住人口都市化率が上昇しても，必ずしも貧困や所得格差が改善されるとは限らず，都市化政策の効果が誇張されている可能性が高い。

1978年から2014年までの都市数と都市化率の推移を図6-1に示した。とくに1995年以降，常住人口都市化率が急激に上昇しているが，この頃から，農村部から都市部への行政区画の変更による都市化が増加したためである。つまり，環境が整っている都市部への人口移動による都市化ではなく，これまで農村部に分類されていた場所を都市部に分類しなおしただけの都市化の割合が増えている。また，2004年から2014年まで，常住人口都市化率は平均で年間1.29％ずつ上昇しており，これは，都市部の常住人口が毎年約1680万人ずつ増えていることになる。しかし，そのような常住人口の増加のうち約50％は，単に行政区画が農村部から都市部に変更されたためだと推計されている（甘犁2016）。

図6-1 中国における都市数と都市化率の推移（1978-2014年）

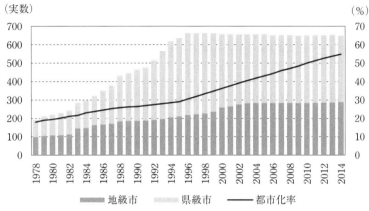

（出所）　中国統計年鑑より筆者作成．
（注）　地級より県級のほうが規模は小さい．

（2）制度改革の必要性

このように，近年の急激な都市化は，政府が理想とする形で進んでいるとはいいがたい．また，都市化によって貧困や所得格差の問題を改善するためには，戸籍および社会保障制度の改革もさらに進める必要がある．

そのため，新型都市化計画では，都市規模に基づき，戸籍登録制限を一定程度自由化する対策も盛り込まれている（**表6-3**）．特大都市については，戸籍登録ポイント制の段階的な導入を提案している．戸籍登録ポイント制は，2009年に広東省中山市で試験的に開始され，上海，天津などでも試行された．北京市でも2016年8月にポイント制戸籍管理弁法の試行が正式に発表された．たとえば，北京市のポイント制戸籍制度政策では「4＋2＋7」という枠組みが使われている．まず，申請するためには，北京市居住証の所持，定年退職年齢に満たない，北京で7年以上続けて社会保険料を納めてきた，過去に犯罪履歴がない，という4条件を満たす必要がある．つぎに基礎指標として，北京市で安定した仕事がある，北京市に定住している，という2条件がある．最後に加算条件として，教育水準，職住エリア，革新・創業，納税，年齢，栄誉・表彰，法律順守の記録，という

207

7項目がある（人民網日本語版記事，2016年8月12日付）。

表6-3 都市の規模と戸籍登録制限の自由化

都市の規模	戸籍登録制限の自由化
50万人から100万人	段階的に自由化
100万人から300万人	合理的に自由化
300万人から500万人	合理的に確定
500万人以上	厳格に制限

（出所）国家新型都市化計画（2014-2020年）より筆者作成。

　また，中国政府は2014年7月に「戸籍制度改革をさらに進める国務院の意見」を公布し，都市の社会保障制度からこぼれ落ちた農民工の救済が改革の焦点であることを明示している。これら改革には沿岸部の大都市への農村戸籍保有者の流入を抑制し，中西部の中小都市への人口移動によって都市化を進めようという意図がある。

　しかし，従来の枠組みの中で都市サービスの便益を享受してきた都市戸籍保有者がこれに反対し，改革が難航する可能性は高い。また，これまでの試験的な戸籍制度改革の成果についても，地方政府は社会保障制度の加入率を水増し報告しているのではないか，深圳市などの経験がほかの地域に適用できるのか，誰が改革の費用を負担するのか，などの問題が指摘されている（三浦2015）。

（3）第2期習近平政権における都市化計画

　13期全人代で李克強は，政府活動報告で新型都市化計画について述べている。その報告内容から，都市化計画に対して，引き続き都市と農村の格差を改善し，基本的な公共サービスの均等化を促進する効果を期待していることがわかる。また，都市化の質の向上が必要であるとして，前項で

述べたような「見た目だけの都市化」を問題視していることが読みとれる。

2018年には，農村を離れて働く人々の生活の都市化を加速するために，1300万人を農村から都市部に移動させる予定であることも発表された。そのために，公共交通機関，食品市場，駐車場，下水システムなどの快適な生活に必要な施設の開発を優先し，都市部に取り残されたままの貧困村である「城中村」や古い市街地の変革を進め，バリアフリー施設の建設（エレベータなど）を推奨した。そして，新型都市化計画によって，都市部住民の誰しもが均等に快適な生活を享受できるようにする必要があることを強調した。

第1期政権に比べ，第2期政権の都市化計画では「都市部における快適な生活環境の均等な整備」がより強調されており，現在の問題点を意識した方針になっている。ただ，精確な貧困支援と同様に，たとえ計画の内容が優れているとしても，このような計画が実現可能かどうかは疑問の余地があり，その進展を慎重に評価していく必要がある。

2.「一帯一路」構想の影響について

2014年に習近平は「一帯一路」構想を提唱し，中国西部から中央アジア，ヨーロッパまでの陸路と，中国沿岸部から東南アジアそしてアフリカ東岸までの海路において，一大経済圏の形成をめざすことを発表した。これらの地域でインフラを整備し，人，物，金の往来を促進する計画である。2018年の13期全人代では，第2期政権においても，「一帯一路」構想によって国際的な生産協力体制を拡大し，中国の製造業およびサービス業をグローバル化し，海外投資の環境を最適化すると報告した。とくに，西部，内陸部，および国境地域における発展水準の向上，および新しい領域における協力を強化すると述べた。

中国西部が構想の中心に含まれていることから，西部地域の開発による貧困・格差問題への対策も兼ねている可能性もあり，この点について考察したい。たとえば，インフラ事業による雇用の創出などが期待される。しかし，最貧困層への実際の影響はかなり限定的だと思われる。第3節でみ

たように，これら政策で実施されるような大規模事業の恩恵を受けられるような人々はすでに貧困を脱している。現在取り残されている貧困層は，これまでの経済成長や大規模貧困削減事業の間接的な恩恵（トリクルダウン効果）すら享受できなかった人たちである。

　このことは，なにかしらの社会制度的な障壁が貧困脱却を阻害している可能性が高いと推測できる。そのため，たとえ「一帯一路」構想が多くの雇用機会を創出し，国全体の，もしくは西部地域全体の経済成長を促進したとしても，これまでの社会制度のままでは，取り残されている貧困層にまで恩恵が届く可能性は低い。逆にいうと，このような政策の恩恵が最貧困層まで届くような環境を整備するために，精確な貧困支援を推し進めているのである。しかし，次節の「今後の課題」でも述べるが，精確な貧困支援の事業において貧困削減に貢献しうる産業を支援しても，その恩恵は最貧困層まで届かず，むしろ比較的豊かな階層がその恩恵を享受しているのが現実である。そのため，同構想の貧困削減問題への影響力は小さいと思われる。

第6節　今後の課題

　貧困・格差問題解消について第1の課題は，経済成長の鈍化と産業転換による影響である。出稼ぎ労働は貧困世帯の重要な収入源であるが，労働賃金が高騰することで資本集約型産業への転換が加速され，単純労働の需要が減り，ひいては貧困層の雇用機会が減少し，貧困層の失業率が増加する可能性がある。また，経済成長の減速により貧困削減事業の予算を増やすことが難しくなる。

　その一方で，現在取り残されている貧困世帯を取り巻く環境はより複雑になっている。たとえば，村の経済力や地理的条件によって「敬老院や社会福利院に入所させて生活を保障する集中型扶養」と「在宅で保障サービスを提供する分散型扶養」が混在しており，貧困の原因も多面的で複雑になっている。そのため，より包括的で長期的な支援が必要になり，1人当

たりの貧困脱却にかかる費用が上昇している。そのため，このような貧困層を貧困から脱却させるのは至難の業である。

　第2の課題は，貧困削減事業のメカニズム的欠陥と草の根レベルでの人材不足である。貧困県や村の中には，精確な貧困支援の指針にしたがわずに貧困の原因を画一化し，貧困世帯の実情を無視した画一的な援助しか実施していない県や村もある。事業成果を評価するときも，責任の所在が不明確で，官僚的なありきたりの評価にとどまり，精確な貧困支援の要求とは大きく異なる。また，貧困脱却後の継続的な支援も十分ではない。完全に貧困を脱却したかどうか見極めるには時間がかかり，貧困脱却直後に支援が止まることで再び貧困に陥ってしまうこともある。経済的ショック（失業，けが，病気など）がきっかけで一時的貧困に陥り，そのまま慢性的貧困に至ってしまうことも多い。

　たとえば，許漢澤・李小云（2017）は，河北省北西部の貧困農村における事例を取り上げている。より具体的には，きゅうりとトマトのビニールハウス栽培の事例で，「ビニールハウス200棟を管理する農協」と「ビニールハウス1棟の農家」の土地収益性について比較している。193世帯からなる人口1500人の農村で，貧困人口は772人（貧困率51.5%）にもなる。この貧困削減プロジェクトでは，農業協同組合（農協）を設立し貧困世帯を農協に加入させることで，市場へのアクセスを改善し，収入と身分の安定化を図った。ところが，農協へと経営規模を拡大したことにより，土地収益性がむしろ悪化していることが判明した。農家1戸の収益は1畝（6.67アール）当たり1万3500元だったが，農協の収益は1畝当たり5500元，つまり赤字となった。雇用労働によって規模を拡大したので人件費が増加したが，その増加分を補うほど生産性が向上しなかったためである。

　赤字の要因の1つに，運営および経営能力の不足がある。このような規模の農協を適切に運営できる人材がいないのである。加えて，自作農から賃金労働者になったことで，土地生産性が下がった可能性も指摘されている。このことは，貧困農村の仕組みや村民たちがいまだ未成熟であり，村民の自治によってプロジェクトを実施することがかなり困難であることを示している。

さらに，貧困削減事業の資金の管理は多くの部門にわかれており，運用も別々に行われている。そのため，資金の管理費が肥大する一方で，部門間での調整やコミュニケーションは不足し，資金運用の効率も低いままである。つまり，いまだに「命中率は低く，漏出量は多い」という状況が続いている。

　最後に，貧困村の深刻な人材不足も精確な貧困支援の実現を阻んでいる要因である。村の幹部の高齢化が進み，長期的な事業の実施が難しくなっている。また，幹部ら自身も問題を抱えており，ほかの世帯を助ける余裕がない場合も多い。

　第3の課題は，貧困世帯の選別の不正確さである。まず，県や村では未だに旧来の手法（逐級分配指標）を使って貧困人口の上限を決めており，精確な貧困支援の指針が生かされていない。そのため，政策に使われている貧困指標は実情とは異なることも多い。

　また，草の根民主主義による貧困世帯の選別において統一された手法はなく，県や村によって調査への参加方法や選別基準が異なり，自覚のない貧困世帯などが取り残される可能性がある。さらに，草の根民主主義で選別する側の人間が，自分の親戚や友人が貧困世帯に選ばれるように便宜を図ることも少なくない。2013年の調査によると，烏蒙山地区で草の根民主主義によって選ばれた貧困世帯の40％，そして武陵山地区で選ばれた貧困世帯の49％が貧困ラインより高い収入を得ていた（汪三貴・郭子豪2015）。ここでも，複雑な選定過程を適切に処理できる人材がいないことが要因のひとつとなっている。

　最後の課題として，たとえ貧困世帯を精確に特定して，精確な貧困支援にある「5つのグループ」（五個一批）に沿った援助を実施したとしても，実際の効果は小さいことがある。たとえば，関連産業を支援して生産性を上げることで貧困の削減をめざしても，その恩恵は最貧困層まで届かず，むしろ富裕層が恩恵を受ける場合も多い（許漢澤・李小云2017）。また，移住によって貧困の脱却をめざしても，地方政府は貧困削減資金を使ってインフラや住居の建設には熱心だが，就業支援や社会保障など移住後の支援は不十分なことが多い。職を求めて都市部へ移住した場合も，移住先の

戸籍をもっておらず，十分な公共サービスを受けられないことも問題になっている（呉業苗 2016）。

おわりに

　建国から 2016 年までに 7 億人以上の貧困削減を達成した中国は，史上もっとも貧困削減に成功した国のひとつである。一方で，2017 年末の時点でいまだ約 3000 万人もの絶対的貧困人口を抱えており，その数は日本総人口のほぼ 4 分の 1 である。しかも，現在取り残されている貧困層は，これまでの経済成長や，長年にわたる貧困削減政策をもってしても，貧困から抜け出せなかった人々である。貧困の原因も複雑で多面にわたり，貧困世帯の所在も分散したり集中したりとさまざまで，効果的な貧困削減政策の設計や実施を一段と難しくしている。

　習近平政権も，中国における貧困削減が新たな局面に入ったことを認識しており，精確な貧困支援という新たな指針のもと，貧困削減に意欲的に取り組んでいる。共産党創立 100 周年の 2021 年までに貧困を撲滅するという目標を達成するためにも，着実な成果を上げることが求められている。政権 2 期目においてもこの指針は継続されており，貧困削減は重要な政策目標として強調されている。しかしながら，現状をみるかぎり，目標の達成は非常に難しいといわざるを得ない。とくに深刻な問題が，第 6 節で述べた，現場の人材不足である。貧困の原因が複雑になってきているため，それに対する解決策が複雑になり，貧困削減プロジェクトのガバナンスも複雑化している。しかし，多くの貧困村の人々には，そのような複雑な解決策を実施できる能力がないのである。

　精確な貧困支援政策にしたがってどんなによい解決策を考えても，現場にそれを実施できる人材がいなければ，絵に描いた餅で終わってしまう。しかも，そのような人材を育てるには時間がかかる。また，人材が揃い，精確な貧困支援の事業を効果的に実行できたとしても，その成果が出るまでにも時間がかかるのである。現在，精確な貧困支援の成果に関して，第

三者による現地調査に基づいた客観的な評価が実施されており，さまざまな改善点も明らかになってきている。このような試行錯誤を繰り返し，より長期的な視点で取り組むことで，さらなる貧困削減を実現できると期待したい。

[参考文献]

＜日本語文献＞
三浦有史 2015.「都市化政策と戸籍制度改革は中国経済を救うか——着地点の見えない改革の行方——」『JRI レビュー』4(23) 85-105.
張建 2016.「中国の貧困削減（扶貧）政策に関する一考察」『AIBS ジャーナル』(9) 58-65.
人民網日本語版 2016.「北京，ポイント制戸籍制度を正式に発表」8 月 12 日（http://j.people.com.cn/n3/2016/0812/c94475-9099473.html）．

＜中国語文献＞
范小建 2009.「60 年——扶貧開発的攻堅戦——」『求是』(20).
甘犁 2016.「中国経済研究還処於初級段階」財新網 2016 年 7 月 4 日付.
李建新 2015.『中国民生発展報告（2015）』北京大学出版社.
黄承偉 2016.「中国扶貧開発道路研究——評述と展望——」『中国農業大学学報（社会科学版）』(5) 5-17.
汪三貴・郭子豪 2015.「論中国的精准扶貧」『貴州社会科学』305(5).
汪三貴・殷浩棟・王瑜 2017.「中国扶貧開発的実践，挑戦与政策展望」『華南師範大学学報（社会科学版）』(4) 18-25.
呉業苗 2016.「農業人口転移的新常態与市民化進路」『農業経済問題』(3) 43-50.
許漢澤・李小云 2017.「精准扶貧背景下農村産業扶貧的実践困境——対華北村産業扶貧項目之考察——」『西北農林科技大学学報（社会科学版）』(1) 9-16.
中華人民共和国中央人民政府 2012.「関干公布全国連片特別困地区分県名単的説明」6 月 14 日（http://www.gov.cn/gzdt/2012-06/14/content_2161045.htm）．

複製許可およびPDF版の提供について

　点訳データ，音読データ，拡大写本データなど，視覚障害者のための利用に限り，非営利目的を条件として，本書の内容を複製することを認めます（http://www.ide.go.jp/Japanese/Publish/reproduction.html）。転載許可担当宛に書面でお申し込みください。

　また，視覚障害，肢体不自由などを理由として必要とされる方に，本書のPDFファイルを提供します。下記のPDF版申込書（コピー不可）を切りとり，必要事項をご記入のうえ，販売担当宛ご郵送ください。
折り返しPDFファイルを電子メールに添付してお送りします。

〒261-8545　千葉県千葉市美浜区若葉3丁目2番2
　　日本貿易振興機構 アジア経済研究所
　　研究支援部出版企画編集課　各担当宛

　ご連絡頂いた個人情報は，アジア経済研究所出版企画編集課（個人情報保護管理者－出版企画編集課長 043-299-9534）が厳重に管理し，本用途以外には使用いたしません。また，ご本人の承諾なく第三者に開示することはありません。

アジア経済研究所研究支援部 出版企画編集課長

PDF版の提供を申し込みます。他の用途には利用しません。

大西康雄 編『習近平「新時代」の中国』
【アジ研選書 No.50】2019年

住所 〒

氏名：　　　　　　　　　　　年齢：

職業：

電話番号：

電子メールアドレス：

執筆者一覧（執筆順）

大西　康雄（アジア経済研究所新領域研究センター上席主任調査研究員）

鈴木　　隆（愛知県立大学外国語学部准教授）

飯田　将史（防衛省防衛研究所地域研究部中国研究室主任研究官）

大橋　英夫（専修大学経済学部教授）

丁　　　可（アジア経済研究所開発研究センター企業・産業研究グループ）

下川　　哲（早稲田大学政治経済学部准教授）

［アジ研選書 No.50］

習近平「新時代」の中国

2019 年 2 月 7 日発行　　　　　　　定価［本体 2,600 円 + 税］

編　者　大西康雄
発行所　アジア経済研究所
　　　　独立行政法人日本貿易振興機構
　　　　千葉県千葉市美浜区若葉 3 丁目 2 番 2　〒261-8545
　　　　研究支援部　電話　043-299-9735（販売）
　　　　　　　　　　FAX　　043-299-9736（販売）
　　　　　　　　　　E-mail　syuppan@ide.go.jp
　　　　　　　　　　http://www.ide.go.jp
印刷所　日本ハイコム株式会社

Ⓒ 独立行政法人日本貿易振興機構アジア経済研究所　2019
落丁・乱丁本はお取り替えいたします　　　　　　　　無断転載を禁ず
　　　　　　　　　　　　　　　　　　　　　　　ISBN978-4-258-29050-5

出版案内
「アジ研選書」

(表示価格は本体価格です)

50 習近平「新時代」の中国
大西康雄編　　　　　2019年 214p. 2600円

2期10年の慣例を超えた長期政権を目指す習近平政権は，多くの課題に直面してもいる。本書では，諸課題の分析を通じ，政権が「新時代」を切り拓くための条件を展望する。

49 不妊治療の時代の中東
家族をつくる，家族を生きる
村上薫編　　　　　　2018年 245p. 3100円

男女とも「親になって一人前」とされる中東。不妊治療が急速に普及する今，人々は家族をどうつくり，生きようとしているのか。宗教倫理・医療的背景とともに，その営みを描く。

48 ハイチとドミニカ共和国
ひとつの島に共存するカリブ二国の発展と今
山岡加奈子編　　　　2018年 200p. 2500円

カリブ海に浮かぶイスパニョーラ島を分け合うハイチとドミニカ共和国。日本ではほとんど知られていない両国は，開発と経済発展，個人独裁の歴史，国民の生活水準，貧困と格差，大国の介入といった点で，共通点と際立った差異の両方を見せている。中米・カリブの専門家によるパイオニア的研究書。

47 マクロ計量モデルの基礎と実際
東アジアを中心に
植村仁一編　　　　　2018年 204p. 2600円

分析手法としてのマクロ計量モデルの歴史，構築のイロハから各国での活用例，大規模モデルへの発展まで，東アジアを中心として解説する。また，今後同地域が直面していくであろう高齢化といった問題を取り込む試みも行う。

46 低成長時代を迎えた韓国
安倍誠編　　　　　　2017年 203p. 2500円

かつてのダイナミズムを失って低成長と格差の拡大に苦しむ韓国の現在を，産業競争力と構造調整，高齢化と貧困，非正規雇用，社会保障政策の各テーマを中心に描き出す。

45 インドの公共サービス
佐藤創・太田仁志編　　2017年 259p. 3200円

1991年の経済自由化から4半世紀が経過した今日，国民生活に重要なインドの公共サービス部門はどのような状況にあるのか。本書では飲料水，都市ごみ処理等の公共サービスの実態を明らかにし，またその改革の方向を探る。

44 アジアの航空貨物輸送と空港
池上寛編　　　　　　2017年 276p. 3400円

国際物流の一端を担う航空貨物は，近年アジアを中心に取扱量を大きく増加させている。本書ではアジアの主要国・地域の航空貨物についてとりあげ，またASEANやインテグレーターの動きも検討した。

43 チャベス政権下のベネズエラ
坂口安紀編　　　　　2016年 245p. 3100円

南米急進左派の急先鋒チャベス政権の14年間はベネズエラにとってどのような意味をもつのか。また彼が推進したボリバル革命とは何なのか。政治，社会，経済，外交の諸側面からその実態をさぐる。

42 内戦後のスリランカ経済
持続的発展のための諸条件
荒井悦代編　　　　　2016年 313p. 3900円

26年にわたる内戦を終結させ，高い経済成長と政治的安定を実現したスリランカ。成長の原動力は何だったのか。南アジアの小さな多民族国家にとってさらなる経済発展のために何が必要かを探る。

41 ラテンアメリカの中小企業
清水達也・二宮康史・星野妙子著　　2015年 166p. 2100円

製造拠点や消費市場として注目を集めるラテンアメリカ。中小企業の特徴，産業クラスターの形成，特有の企業文化，中小企業振興政策など，中小企業に関する情報を提供する。

40 新興民主主義大国インドネシア
ユドヨノ政権の10年とジョコウィ大統領の誕生
川村晃一編　　　　　2015年 333p. 4100円

政治的安定と経済成長を達成し，新興国として注目されるインドネシア。ユドヨノ政権10年の成果と限界を分析しながら，2014年のジョコ・ウィドド大統領誕生の背景と新政権の課題を考える。